WIZARD

全天候型トレーダー

The All Weather Trader

バイ・アンド・ホールドの呪縛を解き放つ戦略

Mr. Serenity's Thoughts on Trading Come Rain or Shine

by Tom Basso

トム・バッソ［著］
長岡半太郎［監修］
山口雅裕［訳］

Pan Rolling

日本語版への序文

私たちが生きているエレクトロニクス時代はトレードにとって非常に多くの利点がある。私が投資を始めた1970年代には、注文を決めてそれを執行し、証券会社から約定したという連絡を受けるまで普通では30～60分もかかっていた。今は、コンピューターで注文ボタンを押すと、一瞬でコンピューター画面に約定のメッセージが点滅する。大量のデーターが素早く流れるようになったことで、トレードの世界での私たちの動き方は劇的に変化した。

データーが素早く流れるようになるとソーシャルメディアが発達し、トレードのさまざまなテーマについて多くの相場観が世界中に急激に広まるようになった。トレードが非常に頭を使う状況になった今、トレーダーはYouTubeのようなウェブサイトや人気のソーシャルメディアから押し寄せるデーターや相場観にどう対処すればよいのだろうか。

本書では、この点について詳しく説明するが、最終的には、トレードで抱えている課題はトレーダーであるあなた自身で解決しなければならない。自分の状況やスキルや使える資金やリスク許容度に基づいて、理にかなった目標を設定することが成功のカギになる。それ以外のことをすれば不安を感じるようになり、やがてトレードプランをうまく実行できなくなって、失敗に終わる。

だから、次にYouTubeでトレード関連のビデオを見たり、フェイスブックやXなどの投稿を読んだりするときには、「それは一個人の相場観であり、私は自分の状況に合った相場観を持つ必要がある」という言葉を繰り返し考えるようにしてほしい。「先週の高値は2019年以降の最高値だった」とだれかが言ったら、それは相場観ではなく事実であり、正しいか間違っているかのどちらかである。聞いたり見たりすることすべてを、事実なのか、その人の相場観なのかを判断するところから始めてほしい。事実に注意を払い、自分自身の相場観を作ろう。

相場の予測をするのは絶対にダメだ！　私の好きな格言の１つに、「相場は自分の動きたいように動く」というものがある。相場はあなたの相場観には関心がないし、あなたの資金が数兆ドルでもないかぎり、どんなトレードをしようと気にもしない。あなたのやるべきことは、相場で今何が起きているかを判断し、それに反応して、常に自分の戦略の指示どおりに動くことだ。

本書では、私自身のトレードにおける課題を解決するために考案したことをできるかぎり伝えている。みなさんが本書のどこかで特に役立つものを見つけてくれることを願っている。しかし、本書とそこで述べられたアイデアをそのまま、自分のトレードにおける課題の解決策にはしないでほしい。私はあなたの課題を解決しようとしたわけではない。私はトレードでの成功に必要と思うものを必死になって考案してきた。50年間トレードを続けてきて、私は自分で考案したものに満足している。それらはあなたの状況に当てはまるものもあれば、当てはまらないものもあるだろう。私はあなたではないし、あなたは私ではない。資金量も、コンピューターや数学の知識も、トレードの経験やリスク許容度も、トレードに伴う心理的プレッシャーに対処する能力もすべて違う。私と読者の方々はまったく違うのだから、みんなが同じようにトレードをすべきだと結論づけるのは理屈に合わない。そんなことはバカげている！

トレードの核心はリスクにうまく対応することである。チャートのブレイクアウトで買うことも、移動平均線を見て買うこともできるし、コインを投げて決めることもできる。だが、ポジションを取るということは結局のところ、ポジティブなリスク（潜在的利益）を得るためにネガティブなリスク（潜在的損失）を負うということである。ソーシャルメディアで見かけるトレーダーのなかには、大儲けをするために特定の株や先物に集中投資することを支持する人もいる。しかし、それはカジノに行くのと同じことで、私はそういうやり方は好きではない。

ジャック・シュワッガーは**『新マーケットの魔術師――米トップトレーダーたちが語る成功の秘密』**（パンローリング）で私のことを「ミスター冷静沈着」と呼んだ。私が長年かかって苦労して学んだ教訓の多くを応用すれば、あなたも自分なりの冷静沈着さを手に入れることができると思う。自分の状況に合った独自のトレードプランを作れば、楽にトレードができるようになり、トレードという「旅を楽しむ」ことができるようになる。

トム・バッソ

監修者まえがき

本書は、トム・バッソの著した“The All Weather Trader : Mr. Serenity's Thoughts on Trading Come Rain or Shine”の邦訳である。バッソは**『新マーケットの魔術師』**（パンローリング）で紹介されたトレーダーの１人で、その極めて冷静で落ち着いた性格とマーケットへの取り組みで知られている。

本書のテーマである「全天候型運用戦略」は、近年注目を集めるようになった考え方の１つで、金融市場のさまざまな変化を前提として、どんな状態にあっても致命的な損失を被ることなく、長期的に安定したリターンを獲得することを目指すものである。

バッソがアメリカ株を例に解説しているように、過去のパフォーマンスが良いといっても、現実にその経路で発生するドローダウンに耐えられる人はどこにもいないし、ましてや未来における再現性は絶対と言ってよいほどない。良さそうに見える単一の投資戦略だけに依存するのは危険なのである。だから、例えば、すべての投資資金をMSCIオールカントリーの投資信託に投入するなどというのは、極めて浅はかな行為と言わざるを得ない。その種の愚かな投資を薦める無責任な言説にはけっして耳を貸してはならない。

現実に実行可能でモノの役に立つ全天候型の戦略は、優れたアルファ（超過収益）の探求・獲得によってではなく、堅実なリスク管理によってもたらされる。そしてその本質は、よく言われるように慎重を期してレバレッジを低くするというようなナイーブなものではなく、収益を稼ぐために本来とるべき本源的リスクをきちんととり、それが不可避的に伴う付随的リスクを極力ヘッジすることにある。本書で紹介されているアセットアロケーションとタイミングによる調整は、その代表的な方法の１つである。

一般的に投資がうまくいかない原因は、過大にリスクをとることではなく、単にリスクをとらないことにある。それはちょうど、アクセルを全然踏んでいないのに「この車は遅い」と文句を言うようなものだ。多くの投資家は、優れた投資戦略やトレード手法を青い鳥のように熱心に追いかけるが、まともにリスクをとることは関心がない。だが、それではやるべきことが逆だ。投資家は適切なリスク管理を覚えたうえで、まず限界までリスクをとるべきだ。優位性のあるアノマリーなど見つけなくても、ほとんどの投資家の目的は単純なリスクテイクだけで十分に達成可能である。賢明な読者にとって、本書はリスク管理を理解する良い導入となるだろう。

翻訳にあたっては以下の方々に心から感謝の意を表したい。山口雅裕氏はいつもながら丁寧な翻訳をしてくださった。阿部達郎氏は丁寧な編集・校正を行っていただいた。また本書が発行される機会を得たのはパンローリング社社長の後藤康徳氏のおかげである。

2024年３月

長岡半太郎

目　次

CONTENTS

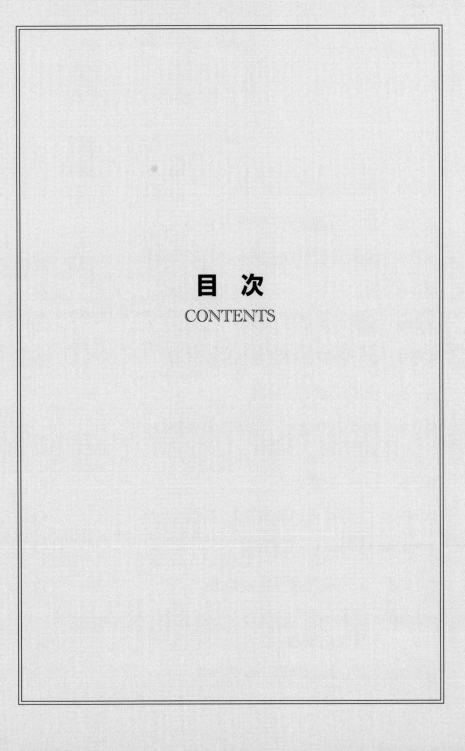

CONTENTS

はじめに

ちょっとした行動にもリスクはある。通勤時の運転や道路の横断、なんとなく一度に複数の作業を進めているときなど、日常よくすることを思い浮かべてみよう。これらは一見すると危険ではないかもしれないが、深刻な結末に至ることもある。

リスクはどこにでもある。自分の幸福についてであれ、懐具合についてであれ、人生におけるそのほかの重要なことについてであれ、リスクはある。リスクは避けられず、いずれそれに直面する。

リスクは避けられないため、恐怖に駆られても当然だ。投資の世界は延々と続く恐怖に覆われてきた。リスクは一見するとハイリスク・ハイリターンに見える資金運用の分野に足を踏み入れようとする人々に不安を植え付け、障害を作り出してきた。

過去50年間に金融市場で何が起きたかを振り返ってみよう（**図表1**）。

これらの出来事は世界中の家庭に災難をもたらし、短期間に全財産を失う人も現れた。立ち直れないほどの大損を被った投資家もいた。友人や家族がこうした悲惨な出来事に襲われるのを目にしたトレーダーは心理的な影響を受けてきた。こういったことが何十年も続いている。

私はこれを直接、経験し、投資家がどの市場に投資しようとリスクは負うのだと痛感した。私は、父がこんな経験をするのを実際に見ている。父のカルロ・バッソはアメリカ郵便公社の郵便配達員という恵まれた仕事に就いていた。大恐慌を経験したイタリア人の両親のもとに生まれた父にとって、年金をもらえる安定した仕事に就

図表１　過去50年間のダウ平均

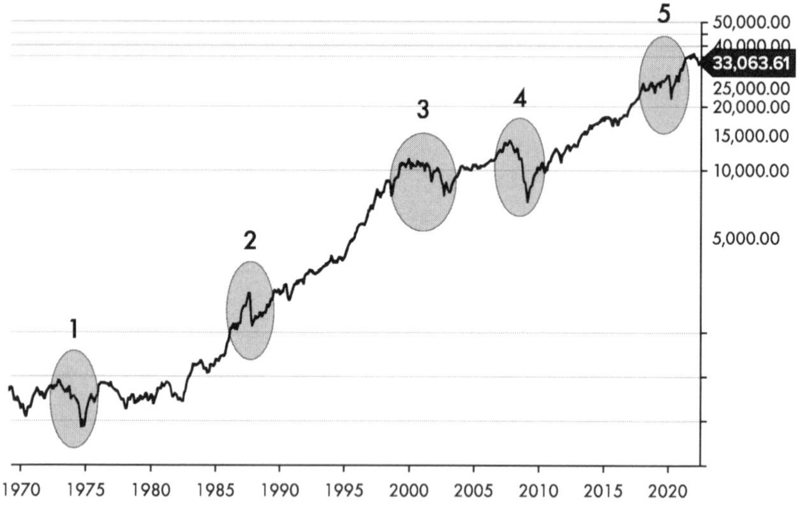

出所＝Barchart.com

1. 1973～74年の弱気相場でS&P500が45％下落
2. 1987年10月19日のブラックマンデー
3. 2000年にインターネットバブルが崩壊
4. 2008～09年のリーマンショックによる金融危機
5. 2020年にコロナウイルスの蔓延で世界経済が混乱

くことが最大の望みだった。この感情は彼と同世代の多くの人に共通していた。彼らは株式市場をカジノと見ていた。つまり、配られた手すべてが大金になるか、チップの山をすべて失うかのギャンブルと見ていたのだ。そんなものに賭けるよりも、着実に得られる給料と福利厚生と退職金制度を信頼していた。

カルロ・バッソにはもっと望みがあり、投資をしたいと考えていた。しかし、ギャンブルに手を出したいとは思っていなかった。もっと安全で、変動が小さいものに投資をしたいと考えていた。父は貯蓄に回すつもりのお金を、当時最も安全な投資先と考えられた地元の貯蓄貸付組合（S&L）のCD（譲渡性預金）に預けた。貯蓄貸付組合への投資は低リスクだった。彼は不動産や変動が大きい株式市場に投資したわけではない。父は自分がリスクとみなしたものをすべて取り除いて、安全な道を選んだ。

その直後の1980年に短期金利が長期金利を上回って、イールドカーブの手前が立った状態になると、貯蓄貸付組合の破綻が相次いだ。政府による2000億ドルの救済措置が取られたため、投資家は損失の多くを取り戻すことができた。幸いなことに、父は郵便局での仕事を続けていたので、家族と育ち盛りの３人の子供たちを養い続けることができた。

貯蓄貸付組合の破綻が相次いだとき、私たち家族は少数の幸運者だったが、ほかの人々はそれほど幸運ではなかった。大恐慌やブラックマンデーや新型コロナウイルスの流行など、株式相場のよく知られた暴落でも同じことが言える。ほんの一握りの人々は運が良かったり抜け目がなかったりしたが、多くの人はそうではなかった。父が貯蓄貸付組合の危機に直面したことで私が得た教訓は、最も安全と思われるものに投資しても、本当にリスクのない投資などないということだった。事態は一瞬で変わることもあるので、１つの投資先にほれ込んでそこにすべての資金を投入すれば、そのポジションが一気に逆行した場合、大きな損失を被りかねない。当時の私は分散投資やリスクに立ち向かうことの力についてあまり学んでいなかったが、それがマネーマネジャーとしての私の将来のキャリアの核になった。

図表2　1980年代前半の貯蓄貸付組合の破綻の概要

1980年代から1990年代前半にかけてのFSLIC/RTCの累積損失額（単位=10億ドル）

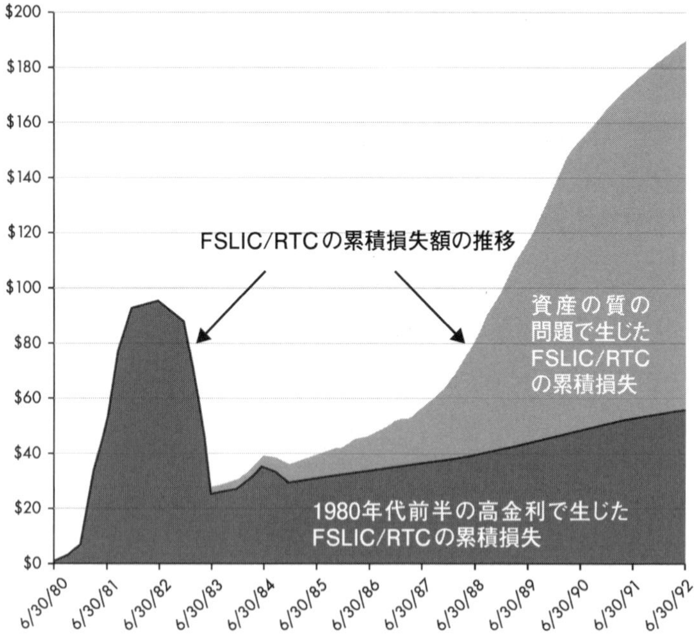

長年にわたって他人の資金を運用してきて学んだことは、どんなトレーダーもリスクから逃れることはできず、必ずリスクに直面するということだった。リスクに備える唯一正しい方法は、リスクから逃れようとするのではなく、リスクに正面から立ち向かうことだ。本書では私が学んだ、リスクに立ち向かって、その過程で利益を得る方法をいくつか紹介する。これらの考え方はすべてシンプルなので、そのコンセプトを取り入れたり自分のポートフォリオに合うように修正したりできるし、ポートフォリオのパフォーマンスを向上させ、全天候型トレーダーになるための新しい方法を考案することもできる。

投資家かトレーダーか

あなたは「長期で投資をしている」ので、自分は投資家だと思っているかもしれない。私は実際に何度もこの言葉を聞いたことがある。だが、資金を運用しようとしているみんなに伝えたい。私たちはみんなトレーダーなのだ！　いつか売るつもりで買うのはトレードである。だから本書では、金融市場で取引するという課題に取り組む人をすべて「トレーダー」と呼ぶことにする。

用心深いか挑戦的か？

あなたは自分を用心深いトレーダーか挑戦的トレーダーのどちらかだと思っているかもしれない。しかし、私は別の考え方をしたい。父は自分を「用心深い」と思っていたが、結局はそうならなかった。彼はリスクをとっていたし、そのリスクは表面化した。だから今後のトレードでは、リスクを減らしながら、リターンを向上させることを目指してほしい。そうすれば、用心深いトレーダーである必要も挑戦的トレーダーである必要もない。それはほかならぬ自分自身のポートフォリオを運用する独自の方法になる。

ポートフォリオの資金が多いか少ないか

あなたがポートフォリオで運用している資金はまだ少ないかもしれない。ひょっとすると、数千ドルをかき集めて、トレードを始めたばかりかもしれない。私は1974年に2000ドルの信用取引口座から始めたことを今でもよく覚えている。私がトレンドスタット・キャピタルのマネーマネジャーだったとき、私とスタッフは６億ドルを運用していた。

本書の考え方を実行する場合、巨額の資金でのほうがやりやすいかもしれない。しかし、このコンセプトを少額の資金に適用できないというわけではない。本書では、10万ドルや100万ドル、場合によっては1000万ドルという大きくて切りのよい金額のポートフォリオを例としてたくさん用いたが、これは説明を、数学的にシンプルで理解しやすくするためだ。ほとんどの人がそこまで多額の資金を運用していないことは分かっている。私はこれから説明する全天候型というコンセプトがいかに効果的かを示そうとしているだけだ。このコンセプトはポートフォリオの規模に関係なく、だれでも使える。

少額のポートフォリオは、私が「粗さ」と呼んでいることに悩まされる。つまり、このコンセプトを使う場合、少額のポートフォリオでは多額のポートフォリオほど完璧な推定ができないのだ。統計的に言えば、結果は当たり外れが少し大きくなる。トレードでの粗い結果は、テレビの画面にさまざまな黒い点が現れる粗い画像に例えられる。つまり、トレードのサンプル数が多ければ、コンセプトは統計的にうまくいくが、サンプル数が少ないと、うまくいかない可能性が常にあるという意味だ。サンプル数が多いほど、またポートフォリオが巨額であるほど、コンセプトを適用するときに「粗い」結果になる可能性は低くなる。

これは世論調査に似ている。10人に質問をして、６人がある傾向を示し、４人が異なる傾向を示せば、私は彼らの傾向をほとんど知ることができない。しかし、１万人に世論調査をして同じ質問をすれば、彼らの傾向についてあまり粗くない答えが得られる。7263人がある傾向を示し、2737人が別の傾向を示した場合、その結果はこの大きなサンプル数での傾向を正確に表していると確信できる。どちらのサンプル数でも結果は得られるが、サンプル数が多いほうが粗さが少なくてより正確だ。

少額から始めるのならば、ポートフォリオの金額を増やすことから挑戦しよう。本業をもう少し頑張り、節約できるところは節約して、そのお金を取引口座に追加してほしい。健全な全天候型の手法を駆使してポートフォリオの金額を増やそう。こうしたことをコツコツと続けていけば、いつか数百万ドルを運用しているかもしれない。

HeかSheか

私のウェブサイト（https://enjoytheride.world/）の統計によると、フォロワーやサイトの訪問者の80％以上が男性だ。女性からもときどき質問を受けるが、トレードをする人はまだ圧倒的に男性が多いようだ。そこで、効率的にするために、トレーダーを指すときは「He」を使うことにする。男性であろうと女性であろうと、あるいは最近世の中に存在するほかの性別であろうと、これはトレードをしている人を指していると思ってほしい。

資金運用での消えない問題

資金運用の状況は数十年前とは大きく異なっている。私は半世紀にわたって相場を研究してきたが、最近は投資家の行動に劇的な変化が見られる。テクノロジーの進歩によって、相場が刻々と変化するのを見ることができるようになった。これはボラティリティを分単位で測れるということを意味する。トレーダーは良くも悪くもこうした乱高下を経験する。トレーダーは実際にパニックに陥り、しかもそれはあっという間に起きる。

トレードで大切なのはリスクを軽減することだ。相場の条件ではなく、自分自身の条件に合わせて闘いの場に行けるように、リスクに立ち向かってほしい。これが私の言う「全天候型トレーダー」である。

全天候型トレード

主要な株式市場は変動が大きい。それでも、ほとんどの個人投資家はここに資金を投じたがる。理由は簡単だ。株式は分かりやすくて、すべてのメディアの注目を集める。また、多くの場合、株式は流動性が高いので、何十億ドルもの資金をある銘柄から別の銘柄に簡単に移すことができる。多くの人は、株式投資はリスクが高い分、高いリターンが期待できると考えている。私がトレンドスタット・キャピタルを運営していた時期にほぼすべての顧客が望んでいたのは、右肩上がりの滑らかなエクイティーカーブ（純資産曲線）だった。

しかし、常に相場の正しい側にいることは不可能なので、損失をゼロにすることはほぼ不可能だ。どの日や週に何が起きるかを予測できる人がいるとは思えない。どの市場でも、大半の期間で大多数のトレーダーをいつの間にか勘違いさせる。しかし、リスクや想定できる損失をチャンスと考えることで、全天候型投資手法にとって適切な心構えを持つことができる。リスクに立ち向かうことで不運な日を減らすことはできるが、それでも不運な日をなくすことはできない。それはトレードに挑戦するときには避けられないところなのだ。

全天候型トレーダーは相場で生じるボラティリティの多くをヘッジしようとする。そのため、当然ながら私はボラティリティについてたびたび触れる。ハイテク企業や新規上場企業の株価や暗号資産などの分野は大きく変動するので、ボラティリティについて話すことはたくさんある。全天候型トレーダーはボラティリティを避けるのではなく、うまく利用する。カウボーイが野生馬を手なずけて立派な使役馬にしようとするように、全天候型トレーダーはボラティリティがどこで生じるかや、それをどのように積極的に利用すれば口座資金のボラティリティを下げることができるかに焦点を合わせる。彼らはリスクを避けて、「用心深い」投資に伴う低いリターンに甘んじようとはしない。

全天候型トレーダーは株式もどの特定の市場も排除しようとはしない。実際、彼らはリターンが得られそうなところなら、どこででもリターンを得ようとする。トレードに対するこの哲学はすべての投資対象に当てはめられ、戦略的に複数の国や大陸の資産に分散させることで、どんな経済状況になってもリターンを得られるようにする。

これは私が繰り返し実践して、成功してきたトレード哲学だ。昨日、思いついて実行に移したものではない。私はトレードに長い間取り組んできた。開発、調整、実行には時間がかかったが、このコンセプトは私にとってうまく機能し、長期にわたって安定して一貫した結果をもたらすと同時に、冷静に考えることができるようになった。

「楽に儲かる」方法はない

マネーマネジャーは顧客から聞かされる決まり文句を十分に承知している。

最低限のリスクで大きなリターンを上げてほしい。

この普遍的な投資目標は今日の多くの個人投資家の頭にこびりついているようだ。現在のテクノロジーを使えば、これが可能であるように思えるからだ。素晴らしいリターンを公開する人々やどの企業が次のアマゾンになるか知っていると自慢する自称専門家がソーシャルメディアで紹介される今日の世界では、人々はごく普通に、そんな大儲けができると考える。

しかし、現実の投資の世界では、リスクはどこにでもある。必ず儲かる銘柄など存在しないし、どの投資が損失をもたらすかを特定できる人はいない。リスクとリターンにはある関係が存在し、リターンを得るためにはリスクをとる必要がある。

全天候型のトレードプランを作れば、次に何が起きるかを心配することなく、あなたが求めるリターンを追求することができるし、ミスター冷静沈着のように夜もぐっすり眠ることができると私は信じている！

第1章 完璧な投資とは

WHAT'S THE PERFECT INVESTMENT?

完璧な投資とは次のようなもののことを言う。投資額に対して毎年20％のリターンが得られる。多くの異なった市場でポジションをわずかずつ取る。相場の変動を100％の精度で予測し、リスクがゼロになるオンラインのプラットフォームを使っている。

では、どこに行けばこんな魔法の処方箋が手に入るのだろうか。みなさんはもう答えを知っていると思う。そんなものはどこにもないのだ！　相場におけるあらゆる難題に対して最も信頼できる答えが得られるという考えは幻想である。そんなものはどこにも存在しない。そんなものが手に入るのならば、マネーマネジャーたちはこの完璧な戦略でポジションを取ろうと奮闘しているだろう。自分の資金をどこに投入するのが最善か、すでにみんなが知っているのだから。

ある投資戦略が完璧に見えることはある。ほかの投資家がうまくいっているのを見ると、自分もその「秘密」に乗ってリターンを上げたいと思うだろう。多くの人は人生を一変させるほどの大金を得たいと考えて、完璧な投資法を探したいという誘惑に駆られる。自分で戦略を実行するにせよ、マネーマネジャーを雇うにせよ、投資家は自分の資金が一貫して確実に大きく増えるという安心感が欲しいのだ。

いつリターンが落ちるのだろうか。それはパニックに陥ったときだ。そうなると、投資家とファイナンシャルアドバイザーとの間に摩擦が生じることもある。投資家は、彼らが状況を好転させる魔法の処方箋を取り出すカギを持っていると思い込んでいる。しかし、それはあり得ない。すべての顧客にとって最適な普遍的戦略など存在しないからだ。

トレードをしていれば必ずドローダウン（最大資産からの下落）

を経験する。そのときにパニックに陥ることがあり、その場合は何をいつ売買するかを決めるのが難しくなる。この不安のせいで、考え抜かれたトレードプランを放棄して、その時点で良さそうに思える新たな戦略を探すようになる。だが、信じてほしいが、トレードでは「隣の芝生のほうが青い」ということはない。うまくいく普遍的な手法など１つもないのだ。

トレーダーは完璧な戦略など存在しないことは百も承知で、それを探し続ける。個人トレーダーもマネーマネジャーも絶えず戦略を調整して、不可能だと分かっている戦略を見つけようとする。私はトレードでゴルフを思い浮かべる。目指すべき完璧なラウンド（18ホールすべてをバーディー）というものはあるが、それを達成したことは一度もない。

ゴルフの例えを続けると、ファイナンシャルアドバイザーはゴルフクラブのレッスンプロとみなせる。彼らはコースのことを何でも知っている。彼らはプロショップに来るゴルファーと話して、次のラウンドについての質問に答える。彼らはゴルフ場の日々の傾向を調べているので、何がうまくいっていて、どこで人々が苦戦するかを知っている。そのため、多くのゴルファーは１打目を打ちに行く前に彼らにアドバイスを求めたがる。

しかし、これほど幅広い知識を持っていても、すべてのゴルファーに同じアドバイスをすることはできない。ゴルファーは１人ひとり違うし、スキルもそれぞれ異なる。ハンディキャップがゼロのゴルファーにも、ハンディキャップの多いゴルファーにも同じアドバイスをすることはできないし、彼らもそんな情報を欲しがりはしない。また、どれぐらいが良いスコアかはゴルファーによって違う。ハンディキャップが多いゴルファーにとっては、90のスコアを出せば最高の１日かもしれない。しかし、ハンディキャップがゼロのゴルファーにとって、90を叩いた日は忘れてしまいたい１日かもしれないのだ！

ゴルファーがそれぞれ異なるように、トレーダーもそれぞれ異なる。各トレーダーはトレードで使える自分の資金量、現在のスキル、戦略を開発するのにかけられる時間、開発した戦略を毎日実行するのに割ける時間に合わせてトレードに臨む。どんなトレーダーでも、私とまったく同じようにしようとするのはバカげている。同様に、私がゴルフコースでジャック・ニクラウスやタイガー・ウッズのまねをするのもバカげている。トレーダーにはそれぞれ解決すべき課題があり、それらの課題に対する答えも異なる。本書での私の目標は、全天候型トレーダーになるための哲学について読者に考えてもらい、自分だけのトレード戦略――今後出合う困難を乗り切り、うまくいく時期を楽しめる戦略――を構築する手助けをすることだ。

マネーゲーム

多くの人はゴルフをした経験があるだろう。ゴルフをする人でもゴルフをしない人でも、興味深いと思う事実がある。完璧なスコアで回った人は１人もいないということだ。通常の広さのゴルフコースでは、完璧なスコアは54前後になる。これは、最初のティーグラウンドから最後の18番グリーンのパットを打つまで、合計で54回しかクラブを振っていないということを意味する。

15世紀までさかのぼることのできるこのスポーツで、一度も完璧なスコアが出たことがないというのは信じがたいことだ。何百万人もの人がゴルフをしてきた。特にここ数十年に、プロゴルフは世界的な関心を集めるようになった。親たちは子供が幼いころからプロゴルファーになるように育てて、彼らがPGAツアーに参加して有名になることを夢見ている。タイガー・ウッズ、フィル・ミケルソン、アニカ・ソレンスタムはいずれも多くの優勝経験を持つ有名選手だが、完璧なスコアは出していない。自己ベストを出したあとにインタビューを受けると、彼らはいつも、「7番ホールであの2.4メートルのパットを決めていたら、もう1つ良いスコアが出せていたんだけど」などと言う。

こうしたゴルファーが素晴らしくないというわけではない。単に、失敗をしない人間はいないので、すべてのショットを完璧に打つことは不可能というだけのことだ。あまりにも多くの要素に影響される。多くのスイングが必要なゴルフでは、ボールがスライスやフックをするのは避けられない。また、高速グリーンのパットで芝目を読み間違えて、ボールが一気にフェアウエーを下ってラフに入ることもある。

プロゴルファーであろうと、たまにゴルフをするマネーマネジャーであろうと、コースに出たときの目標はただ1つ、前回のミスを繰り返さないようにしながら、プレーの最中はそれを楽しむということだ。

人は上達しようとして練習をする。最も苦手なことを克服するまで練習し、次に苦手なことを克服しようとする。タイガー・ウッズはティーショットで315ヤード以上飛ばしていた時期があった。全盛期の彼のドライブを目の当たりにすると、それは途方もなかった。それでも、彼は完璧なスコアを出すことができなかったので、みんなと一緒に練習していたのだ。

トレードでも同じだ。投資で完璧なスコアを出した人はいないし、そう主張するマネーマネジャーも世界中に１人もいない。

ゴルフと同様、トレードでも絶えず練習をする必要がある。トレーダーは最善を尽くし、練習をしてうまくなろうと努力し続けるしかない。ゴルフでは、スイングをするたびにスライスやフックになるリスクがある。リスクは避けられない。コースでプレーをしているかぎり、人はリスクを負っている。

投資でも同じことが言える。リスクは常にある。投資で勝つには、リスクを減らすことだ。例えば、12%のリターンを得られる可能性があるが、リスクの高い戦略を使っているとする。そのとき、リターンは10%だが、リスクを大きく減らせるとしたら、そのほうが良くはないだろうか。これは２%のリターンを犠牲にするに値するだろうか。それは数学的に理にかなっているだろうか。心理的にはどうだろう。睡眠中にリスクが現実のものになって、リターンが消える可能性は少ないと分かっているおかげで、夜ぐっすり眠れるだろうか。

ゴルフで完璧なスコアを出すことは不可能だが、だからといって、練習に出かけるのをやめるべきではない。練習に行けば、素晴らしいプレーができる可能性がある。トレードでもこれと同じ考え方ができる。あらゆるリスクを減らす努力を続けて、自分のポートフォリオで良いトレードをする可能性を高めよう。私からのアドバイスはこうだ。リスクがゼロの完璧なポートフォリオや完璧なトレード戦略は絶対に手に入らない、という事実を受け入れよう。あなたにできることは、選択肢を吟味し、データを調べ、戦略を調整し、成功するための最高の状況に身を置き続けることだけだ。それができたら、私がトレーダー仲間によく言うように、「トレードを楽しもう！」。

正味資産と純資産

将来の計画は、自分が投資したものからどれだけのリターンが得られるかに大きく左右される。だからこそ、リスクがあると考えると不安が広がるのだ。リスクをとれば、ポートフォリオのかなりの部分を失う可能性もあるので、将来の展望が見通しにくくなる。来年に1000万ドルを支払う必要があると知っていれば、そのための計画を立てることができる。支払い時期が分かっていれば、仕事のスケジュールも立てられるし、その時期が来るまでに準備をすることもできる。

将来、何が待ち受けているか分からないと、もっと能力が試される。自分のトレード戦略で利益が出せるかどうかは分からない。長期的にどこまで資産を増やせるかも分からない。相場がどう動くかも分からない。自分の資産運用プラン全体は見通すことのできない厚い雲のようであり、これを把握することがストレスにならないわけがない。

そこで、多くの人はリスクをできるだけとらずに大金を稼ぎ、じっくりと正味資産（net worth）を増やしていくという世界共通の投資目標に焦点を合わせる。だが、私は資産を守るという目標については、異なる考え方を持っている。だれもが真に目指すべきは正味資産ではなく、純資産（net wealth）を守ることだ。この２つの言葉には違いがある。正味資産とは、資産を評価するときにだれもが飛びつく名目価値を示す一般用語だ。しかし、購買力を表すのは実質価値を示す純資産のほうだ。正味資産とは資産から負債を引いたものだが、純資産は自分の正味資産のうちで実際に購買に回せる部分だ。

投資の世界では、資産を守るという考えを何よりも優先すべきだ。新たな視点が欲しければ、純資産という概念に焦点を合わせてみよう。ある資産クラスで望むだけのリターンを得ても、そのリターンを上回るマイナスの金融イベントが生じると、得たはずの利益は消えてしまう。例えば、投資利益を損なう通貨価値の変動だ。アメリカでの投資で一定期間に８％の利益を得られたとしても、米ドルでの購買力が９％減ったら、最終的に本当に勝ったと言えるだろうか。確かに、数字の上では名目上の正味資産は増えているが、ドルの価値を考慮すると、結局は純資産と実質的な購買力は減っている。

もう１つの例は、多くの人が現金の保管に使っている普通預金やマネー・マーケット・アカウント（MMA）だ。現在、これらの口座の年利はせいぜい0.5％ぐらいだ。この文章を書いているここ数カ月のインフレ率が年率８％前後であることを考慮すると、これらの口座に投資すると、実際には純資産が減ることになる。現金を預けているうちに、購買力が失われているのだ。

世界中の通貨はインフレのせいで、一貫して価値を下げ続けている。米ドルだけでなく、ほかの多くの通貨も急速に価値が低下していて、まるで底辺に向かって競争をしていて、すべての国が必死になってこの競争に勝とうとしているかのようだ。正気を失っている時代である！

もちろん、事態が急変する可能性もある。私がこの本を書いている時点では、さまざまな通貨の価値が軒並み暴落し、暗号資産が脚光を浴びている。このトレンドは数年、あるいは数十年続くだろうか。その可能性は十分にある。しかし、規制がなされる可能性も考える必要がある。国家は自国の利益のために法律を制定することを忘れてはならないし、自分の純資産を守りたければ、これらをしっかりと監視し続ける必要がある。

絵に描いた餅

規則、規制、外部要因、俗説を別にしても、完璧な投資は存在し得ない。投資のプロセスを乱すものが多すぎるからだ。判断に影響を及ぼす情報が多すぎる。雑誌、新聞、テレビ、ポッドキャスト、同僚や隣人との会話からでさえ、新しい考え方に引き込まれるかもしれない。だから、バイ・アンド・ホールド戦略は絶対にうまくいきそうにない。周囲には説得力あるものがあふれているため、判断が曇って、新たな投資に向かってしまう。

友人からはやりそうな資産の情報を何度聞いたことがあるだろうか。新規上場された暗号資産や近く上場されるIPO（新規株式公開）やそのほかの有望なトレンドについて調べるようにというメールをどれだけ受け取っただろうか。こうした話を聞いて、自分が用いている戦略に不安を感じただろうか。あなたが99％のトレーダーと同じ精神の持ち主ならば、この種のニュースを知ってしまうと、十分に準備した戦略を捨てて、ほかの戦略に移るべきかどうか悩むだろう。

日常生活ではお金や投資の話が必ず出てくる。ある投資先にいったん資金を投じたらその後20年間放っておくということは、どんな人でも不可能だ。それはマネーマネジャーでもその顧客でも同じだ。全天候型トレーダーになればこの点が考慮されているので、常に正しい市場に投資していたいという欲求を取り除くのに役立つ。

第11章で詳しく述べるが、投資対象をどう管理して、気が散るのを最小限に抑えるかについては、私の考え方が大きな役割を果たしている。私は顧客と自分自身のために約50年間トレードを続けてきて、多くのトレーダーが流行の戦略や大きなリターンを追い求めるという心理的なワナに陥るのを見てきた。だから、本書で伝える手法はこのことを念頭に置いて考案している。これは損失を減らすためだけでなく、練り上げた投資プランを無視して、日々入ってくる情報に基づいて思い切った変更をしたいという欲求に対抗するために分散するという投資哲学だ。

ドローダウンとそこからの回復は対称的ではない！

このことは金融雑誌などでもよく取り上げられてきたが、ここで繰り返しておくのも無駄ではない。ドローダウンが生じた場合、ドローダウンが始まった水準まで戻すには、最大ドローダウンまでの比率以上のリターンを上げる必要がある。**図表３**で調べてみよう。

トレーダーがドローダウンを20％以下ぐらいまで少なく抑えることができれば、エクイティーカーブ（純資産曲線）が再び新高値を付けるための利益を上げることも可能だろう。しかし、不安になるほど大きなドローダウンを被ると、元の水準に戻すだけでもかなりのリターンを上げる必要がある。

備えあれば憂いなし

備えあれば憂いなしだ。人間は水、ペーパータオルやトイレットペーパーや食器などの紙製品、缶詰を買いだめして嵐に備える。テクノロジーのおかげで、ドローンで商品を運べる時代なのに、私たちは食料や水なしで何週間も過ごせるように準備をする。健康や生

図表3　ドローダウンと元の水準に戻すのに必要な比率

ドローダウンの大きさ（%）	元の水準に戻すのに必要な比率（%）
-1.00	+1.01
-5.00	+5.26
-10.00	+11.11
-20.00	+25.00
-30.00	+42.86
-40.00	+66.67
-50.00	100.00

存のために必要以上に備えるのであれば、自分の資産の健全性を脅かす出来事に備えるのも問題ないはずだ。

完璧な投資というものは存在しないが、妥当な範囲で完璧に近づけるためのカギとなる指標は存在する。手始めに、自分がどこまでリスクを許容できるか知っておこう。

私の父はリスクをとることを戦略の一部に入れていなかった。彼は時間をかけてゆっくりと成長する安全な投資を望んでいた。今日のハイテク株投資家の多くと比較すると、リスクに関して両者は対極に位置することがよく分かるだろう。投資をする前にリスクを計算しなければ、資産は大波にのまれる小舟のようになるかもしれない。

次の段階は、潜在的なリスクを特定することである。あなたは過去のトレンドを調べたり、質問をしたり、本書のような本を読んだりして、知識を増やしているだろうか。あなたは流動性や費用を調べ、検討している戦略についてシミュレーションを行っているだろうか。これらを行えば、平均的な人よりも多くのシナリオに対処する準備ができる。

私は生まれながらにすべての秘密を知っていたわけではない。私はまず、若いころに自分の資産を管理する方法を学ばなければならなかった。その後、SEC（証券取引委員会）登録の投資顧問とCFTC（商品先物取引委員会）登録の商品先物トレーダーとして、資金運用業界で28年間を過ごした。FXのトレードも20年間行った。その後、2003年に退職して、20年近くを自分のポートフォリオで用いるトレード戦略の設計と執行に費やした。私は何十年もの間、さまざまなリスクに立ち向かうために戦略を立ててきた。本書は生涯をかけて学び、調整し、だれでも自分の状況に合わせられると信じてまとめ上げたものだ。これは私が学んできたことの集大成でもある。私は半世紀にわたってリスクをとり、それに立ち向かい、それを管理してきた。私は確かにリスクで打撃を受けもしたが、リスクに対処するために費やした時間とエネルギーのおかげで、嵐を乗り切ることができた。この本を書き、リスクを真正面から受け止めようとしている人たちの人生に影響を与える自信を持つことができたのは、準備のおかげである。

完璧な投資や戦略はないかもしれないが、難題に立ち向かうための完璧な哲学的アプローチはある。それは絶えず研究をし、将来に備えることだ。天候と同じで、難題は常に変化するので、念のために傘を持っておくと便利だろう。

第2章
全天候型投資の哲学を作る

CREATING MY ALL-WEATHER PHILOSOPHY

完璧な投資などないということは投資家もマネーマネジャーも知っている。少しでも相場に接したことのある人にとって、前の第1章の内容に目新しいものは何もないだろう。乱高下に巻き込まれたり損失が出たりすることは想定済みである。それでも、自分よりも優れた成績を収める人の成功にはいつも引き付けられる。私たちは戦争にではなく、目の前の戦闘に勝つことを目標にした戦略を売り込まれてきた。

企業の戦略と投資家の戦略はどの水準で見ても異なるが、どちらもその基本コンセプトはリスクに立ち向かうことだ。最もパフォーマンスの良い市場はどこだろうか。どこに資金が流れていて、どこのリターンが最大だっただろうか。こうした短期的な考え方のせいで、多くの投資家は短期的な投資コンセプトにたどり着くが、それらがポートフォリオで長く使われ続けることはあまりない。繰り返すが、こうしたトレーダーは戦闘に勝つことに目を奪われて、戦争に勝つことを忘れてしまっている。賢明だと思った判断にはまるが、期待したほどうまくいかないと、また次の素晴らしそうなアイデアに乗り換える。そして、乗り換えては失望する。これはまったく楽しいプロセスではない。

私は何十年もの間、トレーダーが自滅するのを見てきた。全天候型トレーダーであるために必要なすべての側面をカバーしたトレード戦略に目を向けるトレーダーはほとんどいない。相場が一気に大きく下げると、トレーダーは自分に不利な状況から逃げようと考える。その一方、「この銘柄は今安い。もう少し買い増したほうがよいかもしれない」という考えも頭に浮かぶ。ところが、相場が元の水準まで上げると、考えが再び変わる。このように、常に自分自身や自分の投資顧問と考えをぶつけ合っていると、多くのストレスや疑念を引き起こす。そして、実は戦略を何も持っていないため、結局はひどいトレードをしてしまう。相場はさまざまな状況や動きを見せるので、多くのトレーダーは場当たり的に戦略を作り上げる。

自分のバイアスを確かめる

全天候型トレーダーになれば、いくつかの問題を一挙に解決できる。破綻の可能性を減らしながら、ポートフォリオにとってプラスの動きに乗れるようになり、夜も安心して眠れるようになる。それだけでなく、トレードの過程の目標も単純化できる。トレーダーの知っているさまざまなリスクに直接対処しようとする。リスクに立ち向かうことで、自分でコントロールしているという感覚を持てるようになるからだ。トレーダーは意識的に自分のバイアスをすべてトレードで利用しようとする。しかし、潜在意識では、彼らは全天候型の手法を好んでいる。私がそれを知っているのは、自分でできる簡単なテストがあるからである。

さまざまなリターンを上げた銘柄をさまざまな水準で混ぜ合わせた表を作り、自分が良いと思うものを選んでみてほしい。詳細は伏せるが、これらは簡単に入手できる指数をさまざまに配分した過去の実際のリターンである。ここで、これらのデータを研究し、どの戦略が自分にとって最適と思うかを自分で決めてほしい。なぜそれが最適なのかを自問自答し、その理由も書き出してみてほしい。これらの年間リターンの統計は21年間の実際の結果だ。AからEのどの戦略が自分にとって最も良いものと判断しただろうか。

さて、あなたが選んだものを見てみよう。

おそらく、あなたはマネージドフューチャーズと株式が50％ずつ

図表4　どの投資が自分に最もふさわしいと思うか

年	A	B	C	D	E
0	-9.1%	11.6%	11.7%	1.3%	1.3%
1	-11.9%	8.4%	-0.1%	-1.7%	-6.0%
2	-22.1%	10.3%	26.1%	-5.9%	2.0%
3	28.7%	4.1%	11.9%	16.4%	20.3%
4	10.9%	4.3%	2.7%	7.6%	6.8%
5	4.9%	2.4%	0.7%	3.7%	2.8%
6	15.8%	4.3%	8.2%	10.1%	12.0%
7	5.5%	7.0%	8.6%	6.2%	7.0%
8	-37.0%	5.2%	20.9%	-15.9%	-8.1%
9	26.5%	5.9%	-4.8%	16.2%	10.8%
10	15.1%	6.5%	13.1%	10.8%	14.1%
11	2.1%	7.8%	-7.9%	5.0%	-2.9%
12	16.0%	4.2%	-3.5%	10.1%	6.2%
13	32.4%	-2.0%	2.7%	15.2%	17.5%
14	13.7%	6.0%	19.7%	9.8%	16.7%
15	1.4%	0.5%	0.0%	1.0%	0.7%
16	12.0%	2.6%	-6.1%	7.3%	2.9%
17	21.8%	3.5%	2.2%	12.7%	12.0%
18	-4.4%	0.0%	-8.1%	-2.2%	-6.2%
19	31.5%	8.7%	9.2%	20.1%	20.4%
20	18.8%	7.4%	6.3%	13.1%	12.5%
年率リターン	6.6%	5.1%	5.0%	6.4%	6.5%
最悪の年	-37.0%	-2.0%	-8.1%	-15.9%	-8.1%

のＥを選んだだろう。なぜそう思ったかと言えば、これら５つの戦略のリターンはほぼ同じ水準（＋5.0～＋6.6％）だったが、最悪の年のリターン（－2.0％と－37.0％）は大きく異なっている。なぜあなたは株式やマネージドフューチャーズだけのものを選ばなかったと私が考えたのか。それは簡単である。リスクはほぼ同じなのに、リターンが小さいからだ。

図表5　戦略名判明後に自分に最もふさわしいと思うのはどれか

年	株式 S&P500TR	債券 バークレイズ米国総合TR	マネージドフューチャーズ SGトレンド	株式50/債券50	株式50/先物50
0	-9.1%	11.6%	11.7%	1.3%	1.3%
1	-11.9%	8.4%	-0.1%	-1.7%	-6.0%
2	-22.1%	10.3%	26.1%	-5.9%	2.0%
3	28.7%	4.1%	11.9%	16.4%	20.3%
4	10.9%	4.3%	2.7%	7.6%	6.8%
5	4.9%	2.4%	0.7%	3.7%	2.8%
6	15.8%	4.3%	8.2%	10.1%	12.0%
7	5.5%	7.0%	8.6%	6.2%	7.0%
8	-37.0%	5.2%	20.9%	-15.9%	-8.1%
9	26.5%	5.9%	-4.8%	16.2%	10.8%
10	15.1%	6.5%	13.1%	10.8%	14.1%
11	2.1%	7.8%	-7.9%	5.0%	-2.9%
12	16.0%	4.2%	-3.5%	10.1%	6.2%
13	32.4%	-2.0%	2.7%	15.2%	17.5%
14	13.7%	6.0%	19.7%	9.8%	16.7%
15	1.4%	0.5%	0.0%	1.0%	0.7%
16	12.0%	2.6%	-6.1%	7.3%	2.9%
17	21.8%	3.5%	2.2%	12.7%	12.0%
18	-4.4%	0.0%	-8.1%	-2.2%	-6.2%
19	31.5%	8.7%	9.2%	20.1%	20.4%
20	18.8%	7.4%	6.3%	13.1%	12.5%
年率リターン	6.6%	5.1%	5.0%	6.4%	6.5%
最悪の年	-37.0%	-2.0%	-8.1%	-15.9%	-8.1%

この単純な例から、いくつか興味深い事実が分かる。何のデータも示されずに戦略名を事前に知らされたら、先物と株式が50%ずつの戦略を選んだだろうか。自分に正直になろう。先物はリスクが高すぎると思うかもしれないし、「その分野の投資は何も知らない」と言うかもしれない。さまざまな理由で、それは選択肢から外されただろう。

しかし、公平であることを強いられると、人は論理的に判断を下す傾向がある。自分のバイアスのために成長株への投資を選ぶ人でも、データしかない場合には同じことはしない。ここで学ぶべき教訓とは、名称やバイアスやさまざまな投資対象に対するイメージは捨てて、自分が解くべき金融パズルにとって最適なトレード手法を見つけだす挑戦をしようということだ。ツールを限定する必要などない。このパズルを解くために、できるだけ多くの選択肢を持っておくのが良い。

重要なのは名称ではなく戦略

私はセントルイス郊外での土曜日の朝の興味深い出来事を覚えている。個人投資家のあるグループに招かれて、非常にレバレッジが低い先物トレードプログラムについて話をするようにと頼まれた。それは基本的に約20の市場で、約定総額ベースでトレードをするものだった。レバレッジはかけず、追証の可能性もコンプライアンス上の問題もなく、リターンは極めて退屈なものだった。私はプレゼンテーションの冒頭で、さまざまな投資対象をその名前だけで、慎重なものから高リスクなものまで順位を付ける練習をしてもらった。リスクが最も高いものを１、最も低いものを８とした。質問はないかと尋ねても何も聞かれなかったので、調査に答えてもらった。簡単そうに見えた。みんなすぐに書き終えた。読者も**図表6**の左の空欄に自分で順位を付けてみてほしい。

その後、全員にそれを提出してもらい、順位を集計した。結果は私にとって驚くものではなかった。

これは私が話そうとしていたことへの素晴らしい導入になった。

図表6　さまざまな投資対象のリスク（1～8、1が最も高リスク）

投資対象	順位
国債	
先物	
商品	
株式	
投資信託	
FX	
不動産	
金	

この情報をもとに、私は「これらの投資対象について、私がリスクをどう管理してきたか知りたい人はいますか」と尋ねた。全員が無表情で私を見た。彼らは私が何を話しているのか分かっていなかった。そこで、次のページを見せて、私がどのように投資対象を管理

図表7　さまざまな投資対象のリスク――結果

投資対象	順位
国債	8
先物	2
商品	1
株式	5
投資信託	6
FX	3
不動産	7
金	4

しようと考えているかを簡単に説明した。

彼らは気づき始めた。これら「普通の」投資家は、さまざまな投資分野に対する自分の持っているイメージが自分の経験や他人から聞いた話か、単なるマスコミの取り扱い方に基づいており、バイア

図表8　さまざまな投資のリスク――戦略の説明付き

投資対象	順位	運用戦略
国債	8	丸代金の10%の証拠金での30年物国債取引（危険）
先物	2	丸代金での売買、レバレッジなし、トレンドフォロー（退屈）
商品	1	丸代金での売買、レバレッジなし、トレンドフォロー（退屈）
株式	5	IPO株を買って1カ月以内に売る（危険）
投資信託	6	多くのファンドをまとめたものをバイ・アンド・ホールド（弱気相場では50%の下落リスク）
FX	3	丸代金の3%の証拠金でトレード、中期のトレンドフォロー（正気ではない）
不動産	7	フルローンで賃貸物件を買う（破産する運命にある）
金	4	コレクター向けコイン（買値と売値の極端な差）

スがかかっていると気づき始めたのだ。その日にみんなが学んだ教訓は、リスクはそれをどう管理するかに大きく左右されるということである。このリストにもう少し時間を割くならば、すべての投資対象を慎重で退屈なものにすることもできるし、ポートフォリオを

危険にさらすような管理にすることもできる。または、これら両極端の中間にすることもできる。重要な教訓はこうである。「彼らは、私がこれらの投資対象をどう管理するのかを尋ねて、用いる戦略によってどれほどのリスクがあるかを知るべきだった」のだ。

これは戦闘に勝つのか、それとも戦争に勝つのかに行きつく。営業担当者はハイテク株などに投資すれば急成長できると宣伝するかもしれない。そして、「大勝ち」した人を見ると、自分もその仲間入りをしたいと思うかもしれない。しかし、短期的な成功は戦争という全体のほんの一部にすぎない。短期的な勝利を手にしたトレーダーは一時的に注目を浴びるかもしれないが、戦争に勝つために目の前の短期的な満足をあきらめるトレーダーこそが、真の長期投資の戦士となれるのだ。

これは私がトレンドスタットと私個人のポートフォリオを管理するときに用いてきた長期投資の哲学である。これは、株式市場の暴落、短期金利の上昇、原油価格の下落、それにニュースや戦争やパンデミックやFRB（連邦準備制度理事会）の政策や景気にまで影響を与える天候などのせいで生じる多くの相場の激しい動きで試されてきた。そして、そうした状況でも、私は毎日やるべきことを冷静にやり続けている。相場の上昇、下落、横ばいのすべてでリスクに立ち向かえる完全なトレード戦略を持っていると分かっているからだ。

私について

ポートフォリオを守るという考え方に初めて出合ったのは、熱心な投資家だった子供のときだ。新聞配達をしていた私は、12歳のときに貯金から成長株の投資信託を買い、新聞配達で得たお金で毎月、それを買い増していた。1960年代の相場は変動が大きかった。そのせいで、その投資を損益ゼロまで戻すのに、化学工学の学位を取ってクラークソン大学を卒業する22歳のときまでかかった。私はそのとき、リスクというものを認識した。

私は父が貯蓄貸付組合（S&L）で直面した危機に大きな影響を受けていた。そして、大人になったら適切な投資戦略を立てたいと思っていた。そのため、私は化学工学の学位を取って大学を卒業したが、投資にも常に強い関心を持っていた。

化学エンジニアとして最初の仕事をしていたころ、私はエンジニア仲間とよく食事をしていた（ほとんどは化学エンジニアだったが、機械技師も何人かいた）。私たちは主にある株式ブローカーと話すという形で、投資について話し合った。私たちはポートフォリオを充実させるために何ができるかに強い関心があった。同僚のほとんどはファイナンシャルアドバイザーかニュースレターの助言をこの問題に役立てたいと思っていたが、だれもが同じことを聞かされていた。それは、「株は長期にわたってバイ・アンド・ホールドする必要があり、投資のタイミングを計ろうとしても、相場にはうまく乗れない」というものだった。

私には投資業界のすべてのプロが、株の長期保有戦略を辛抱強く続ければうまくいく、という考えで人々をなだめているように思えた。しかし、人はそのようにはできていない。純資産が大きく変動するのを落ち着いて見てはいられない。含み損が20％になっても平然としていられる人などいないのだ。こうした手法は理屈のうえでは良さそうでも、少なくとも検討すべき代替投資について何らかの解説や提案がなされなければ、投資家はまずこんなことは続けられない。

同僚たちとの会話でこうした話を何度も聞いたり、自分で戦略を調べていたりするうちに、もっと良い解決法があるはずだと思うようになった。すべての投資家が株式相場での損失をそのまま受け入れているはずがない。さらに重要なことは、マネーマネジャーを通じて投資をしている人であれば、少なくとも週に１回は電話をして現在の手法について尋ねているに違いないと思った。

そこで、私は先物取引について調べ始めた。弱気相場になれば株で必ず損失が生じるが、先物を利用すれば、それで得た利益で株の損失を埋め合わせることができると考えたのだ。そうすれば、株式相場が大きく変動しても私のポートフォリオは守られるはずだと思った。分散された非相関の市場で利益を得る機会があるのならば、私は別の市場でリターンを得る可能性を作り出しているのだから、特定の日、週、月、年の損失がどれほど大きくても問題ないはずだ。私は先物のトレードで年間損益を初めてプラスにするまで、４年かかった。私はそれを、トレードの大学で学位を取るのに要した期間と考えた。

数年後、私は化学エンジニアの仕事を辞めて、マネーマネジャーとして働き始めた。しかし、他人のお金を扱うとなると、自分のお金を運用するときほどの実験的なことはできなかった。私はもっと地に足をつけて、顧客の期待に沿った手法にこだわる必要があった。私たちは投資アドバイザーや顧客に「売れる」戦略を作らなければならなかった。そうした期待とは通常、彼らの年金の「株式ポートフォリオ」の運用を私たちの会社に任せてもらうということだった。しかし、株式相場での損失のせいで顧客にも損失が出て、電話が殺到したり、解約が始まったとき、私はすぐに何かを変える必要があることに気づいた。私はパートナーたちに、「何か手を打たないと、株式相場が大きく下げたら、私たちの事業は行き詰まってしまう」と言った。

私はさらに調べ始めた。自分の考えが固まったのはこの時期だった。リスクを減らす方法はいくらでもあるのに、人々がそうした方法を利用していないことに気づいたのだ。投資の専門家たちは、ある戦略を使えばリターン・リスク・レシオを改善できる可能性について、顧客に誤解を与えかねない説明をしていた。

私はこの時期に学んだことをすべて取り入れて、トレンドスタット・キャピタルを創設した。私たちの使命は幅広い分散投資というコンセプトに基づく戦略を作ることであり、株式、先物、オプション、ミューチュアル・ファンド・タイミング（投資信託とそこに含まれる株式の価格差から短期利益を得る）をすべて同時に用いる完全な戦略で、リスク管理を強化することだった。

この手法はうまくいった。相関関係のない資産クラスや戦略に分散投資することで、損失の可能性を大幅に減らすことができた。しかし、人間の考え方のせいで生じる問題がまだ残っていた。私たち人間は損が出たと分かって、それを平然と受け入れるようにはできていない。ポートフォリオのほかの部分は順調で、損失を相殺できていたにもかかわらず、報告書は当時の規則や規制のせいで個別に細部まで書かざるを得なかった。

例えば、株で買いポジションを取っていて７％下げた日があっても、先物のポジションが同じくらい上げていたら、リスクは回避できている。しかし、顧客は株と先物の報告書を別々に受け取っていた。先物の報告書は良く見えたが、株の保有報告書は良く見えなかった。これが混乱を招いた。「株の買いポジションを取らずに、すべての資金を先物戦略に回せないのですか。そうすれば、利益はずっと増えるでしょうに」と言われた。人間の持つこうした性質を見て、私は悟った。顧客はこれでもまだ落ち着いてくれない。私たちはもっと何かをする必要がある、と。

年月を経るにつれて事態は改善していき、一部の顧客には株式と先物をポートフォリオに組み入れることを説得できるようになった。1987年10月19日にブラックマンデーの暴落が起きたとき、顧客に提出する必要がある報告書のせいで、この別々の報告が問題なのだという思いが一層強まった。その日、ダウ平均は22.6％も急落したが、私たちは株式と先物のポジションを相殺するようなポートフォリオを組んでいた。それにもかかわらず、この報告書のせいで、非常に奇妙な反応が返ってきた。その最たる例は今日に至るまで私を悩ませている。

私たちが運用を任されていた大型年金制度では、ブラックマンデーでほんのわずかだが利益を上げ、ダウ平均を23％ほど上回った。私は自分たちがヒーローになったつもりで、いつもの四半期ごとの会議に出席した。ほとんどの株式ポートフォリオが20％ほどの損失を出していたとき、私たちはわずかながら利益を出していた。理事会では、ポートフォリオの先物のほうでは一晩で大儲けしたが、株式のほうでほぼ同額の損失を出したことを指摘された。この理事たちは博士号を持つ物理学者で、数学にも精通していた。

彼らは戦略の負けている部分ではなく、勝っている部分だけで運用できないかと尋ねた。私たちの戦略から株式の保有部分を完全に外してほしいと言った。株を「買うだけ」のポートフォリオは必ず下落局面に見舞われるため、顧客は心理的にそれに耐えられなかったのだ。そのため、彼らの口座資産はブラックマンデーの日にわずかにせよ増えた一方で、ほかのほとんどの年金基金は大きな損失を出したのに、彼らはポートフォリオの株式部分については解約し、先物によるヘッジ部分についてだけ運用を続けさせようとした。それから間もなく、私たちは彼らとの契約を解消した。顧客にとって最善を尽くすことが許されなくなったからだ。私たちはヘッジをするものがないのに、先物でのヘッジ取引をするつもりはなかった。それは非常に悔しかったが、そんな状況も手伝って、私はその仕事を辞めた。顧客が考え出す信じられないアイデアに対応しなくて済むと思うと、気分は爽快になった！

新しい戦略を開発して、トレンドスタットは成功し続けた。互いに負の相関を持つさまざまな資産クラスに分散投資することで、その後に生じたリスクの多くを相殺できた。私たちはこの業界で注目されるほどになった。

1994年に刊行されたジャック・シュワッガーの『**新マーケットの魔術師**』（パンローリング）で、私が取り上げられた。シュワッガーは私の穏やかな物腰や大幅に分散した独自の手法から、私を「ミスター冷静沈着（Mr. Serenity）」と名づけた。彼は長年にわたって、気難しくて早口のウォール街のトレーダーばかりにインタビューをしてきた。しかし、私は株式相場のリスクに振り回されることもなく、レバレッジも高くなかったので、ほかのトレーダーに比べると穏やかだった。私には何が起きてもリスクを減らせる戦略があった。当時はそうした戦略に名前を付けていなかったが、それは基本的にはどういう状況になっても幅広く対処できる手法だった。それにふさわしい名前さえ思いついていたら……。

第3章
全天候型トレーダーとしての進歩

MY DEVELOPMENT AS AN ALL-WEATHER TRADER

本書の最終章の目的は私の人生における進歩を概観し、ある発見がどのように次の発見につながっていったかを順に理解してもらうことだ。私は今もこの旅を続けている気がする。以降の章では、これらのコンセプトについて詳しく説明していくつもりだ。読者はこのなかから気に入ったアイデアを選んで、自分のために役立ててほしい。

私の投資人生で最初に起きたことは、前に述べたように投資信託を買ったことだった。相場の変動や非常に高い信託報酬・販売手数料のせいで、損益ゼロまで戻すのにおよそ12年もかかるとは思いもよらなかった。

私はクラークソン大学を卒業し、化学エンジニアとしてかなりの給料をもらうようになった。そこで、ポートフォリオに新たな銘柄を追加したいと思った。将来のためのより良い選択肢を探しながら、含み損を解消するためのあの12年間に再び陥らない方法がないかを考えていた。少なくとも、あの苦しい期間を短くしたかった。そして私はある方法を見つけた。

勤めている会社には自社株購入制度があった。そこで、チャートで上昇トレンドか下降トレンドかを示すようにできれば、会社の資金で上昇時に株を買い、下落時に売ってリスクを回避するというトレードができると考えた。この方法はうまくいき、何度も繰り返してかなりの利益を上げた。私が全天候型トレーダーになるためにさまざまな方法で使うようになった戦略の１つが、投資でタイミングを計るこの方法だったのだ。これについては第４章でさらに詳しく述べる。

それから数年後、つまり先物取引を始めてから４年後、私はついに先物ポートフォリオを損益分岐点まで戻すことができた。私は先物のポートフォリオに資金を追加した。相場が良い方向に動いたので、純資産は急速に増えていった。そこで、先物で利益を上げていた時期と株式のポートフォリオで利益を上げていた時期はほとんど重なっていないことに気づいた。これは本当の分散投資であり、純資産の保護をさらに強化できることを意味した。ある市場で利益が出て、別の市場で損失が出ていたら、合計ではより安定した結果が得られる。第７章では、極端に幅広い分散投資と、それを自分のポートフォリオで実行する方法について述べる。

それから、私はIRA（個人退職勘定）を開設した。IRAは魔法のような世界で、税金の繰り延べができる。買ったものを売ることもでき、実現損益は未実現損益と同じように扱われる。IRA口座から資金を引き出すまでは課税されない。私は自社株でタイミングを計った手法で学んだことを利用し、さまざまな投資信託の「タイミング」を計る指標を作った。トレンドスタットが投資信託とセクターのタイミングを計るプログラムで顧客のためにかつて行っていたことはこれが元になっていた。これはかなり成功した。小規模の顧客にとっては、同じ市場でバイ・アンド・ホールド戦略でとるリスクすべてを負うことなく、株式や債券の上昇の一部を捉えられる素晴らしい方法だった。

私の若いころは、まだETF（上場投資信託）はなかったので、毎日大引け時に、投資信託の売買注文を電話で出すしかなかった。私の指標が新たに上昇方向を示したら、株式の投資信託を買った。下落方向を示したら、それを売って、MMMF（短期金融資産投資信託）を買った。1980年代当時は高金利だったので、それでかなりのリターンが得られた。タイミングを計って株式相場の下落リスクを利用することは全天候型トレーダーになるうえでとても有用なツールになった。これについては第４章で詳しく述べる。

トレンドスタット・キャピタルが管理している株式ポートフォリオには、顧客が頻繁な株の売買を望んでいないものも含まれていた。そこで、私はダイナミックヘッジというコンセプトを考案した。私はトレンドフォロー系の指標を使って、株式相場の上昇・下落を測定した。相場が上昇しているときにはヘッジをかけたくなかったので、ポートフォリオの株式のポジションは上昇に任せた。しかし、下落に転じたときは、ポートフォリオを守るためにヘッジをかけた。当初は指数連動型ETFを空売りするか、ベア３倍型ETFを買っていたが、現在ではさまざまな理由から指数先物を利用している。ヘッジについては第６章で詳しく説明する。

全天候型トレーダーとして成長するために、次にさまざまな時間枠を追加した。相場の横ばい期間には、株価は通常かなり素早く上下するため、私の長期トレンドフォローのモデルでかなりの利益を出せるほど長くは一方向に動かないということに気づいた。調査をすると、短期の時間枠では、はるかに頻繁にトレードをしなければならないと分かった。これは全天候型トレードを始めた時期に抱えていた問題の１つだった。しかし、私はもともと機械工学の学位を持ったエンジニアであり、やがて優秀なプログラマーたちを雇ったため、自動化をすれば追加のトレードをかなり簡単に執行できることに気づいた。

私はより短期のモデルを作ることに決めた。そして、これら新しいモデルの感度が高いおかげで、短期間に小さな利益を得ることができることに気づいた。これが時間枠による分散を生んだ。相場にトレンドが形成されているときには、長期モデルに従い続けるため、利益が蓄積される。一方、横ばい期間が長くなると、短期モデルで小さな利益が得られるため、ポートフォリオ全体の損失を抑えることができた。この横ばい相場でできることについては第8章で取り上げる。

次に、利益を出すために本当に横ばいの動きが必要な戦略を作った。満期日までわずか7日のコールオプションの売りを利用したクレジットスプレッドで、損失も利益も限定する戦略を使うことにした。この戦略は相場が横ばいのままか、ほとんど動かない場合に利益が得られる。この戦略では相場が堅調なときには必ず損をするが、その部分は長期トレンドフォロー戦略ですでにカバーしていた。クレジットスプレッドの説明や、私がそれをどこでどのように使っているかについては第8章で説明する。

最後に、私は暗号資産市場の発展を興味深く見てきた。暗号資産は文字どおり何千もあり、さまざまなプラットフォームで取引されている。単純にしておきたかったので、私は短期トレンドフォロー戦略を作って、追跡している暗号資産市場の方向を測った。私は先物をよく知っているので、ビットコインとイーサリアムの先物を使ってトレードをしている。データの入手もトレードも簡単で、上昇方向でも下落方向でも簡単にポジションを取ることができる。これは私のポートフォリオで、もう1つの無相関のリターンの流れであり、ここ数年は非常に利益が得られている。

まだ進歩中

この章では、全天候型トレーダーとして長年にわたる進歩について述べてきたが、まだ十分に全天候型トレーダーになっているとは思っていない。「完璧なスコア」を出せないゴルファーと同じで、私は自分のポートフォリオの弱点を研究し、成績が落ち込む時期に対処するための新しい戦略を追加できると今でも思っている。最終的に「完璧」な戦略の構成にたどり着けるかどうかは分からないが、そこに至る旅を楽しんでいる。

第4章
完全なトレード戦略とは何か

WHAT IS A COMPLETE TRADING STRATEGY?

私はよく**図表9**のフローチャートを使って、完全なトレード戦略とはどこで買い、どこで売るべきかを見つけだすだけではないということを説明してきた。トレード初心者のほとんどはそのことばかり考えるが、それは大きな誤りである。**図表9**のフローチャートを見て、自分のトレードのプロセスにこれらのボックス内のことがいくつ含まれているか見てほしい。

完全なトレード戦略の構成要素を１つずつ見ていく

信念　ここから始めることが重要だ。故バン・K・タープ博士がよく言っていたように、「人はさまざまな銘柄をトレードするのではなく、自分の信念をトレードするのだ」。あなたは自分の戦略で利益を生み出せる信念を見つけださなければならない。

目的　これは戦略を立てる前に最も重視すべきことだ。これは戦略を支える哲学であり、トレードで利用したい相場の動きを捉えるために何を指標に使えばよいかを論理的に導くものである。

フィルターとスクリーニング　世界中には何千もの投資対象があるため、トレード候補を絞り込む必要がある。これは証券会社のさまざまなスクリーニングツールやお気に入りのトレードプラットフォームを使うか、トレード候補のリストを見て焦点を合わせたいものを選ぶことによって実行できる。

セットアップと順位付け　この時点ではおそらく、まだトレード候補が多すぎるので、自分のトレード対象にふさわしい特別な値動

図表9　完全なトレード戦略

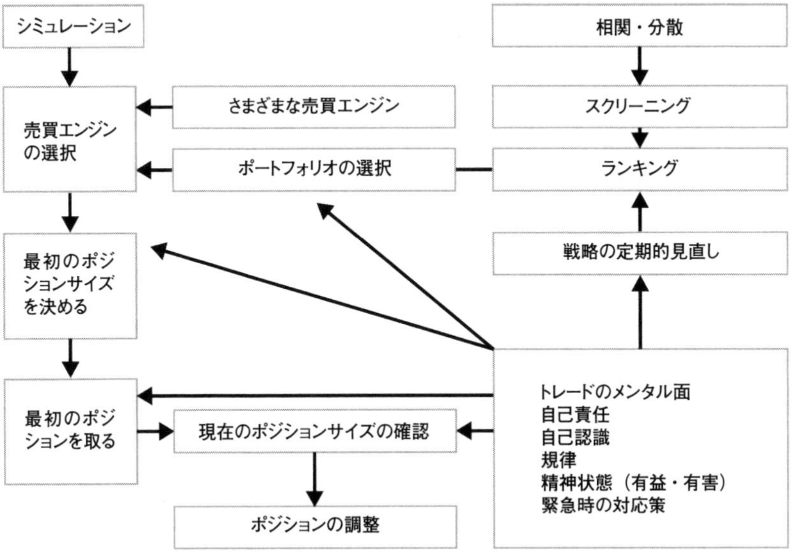

きをしているものに限ってトレードをしたほうがよい。そこで、その日のトレード候補を絞り込むための順位付けが必要になる。これで次の期間のためのポートフォリオを選び終える。

仕掛け　仕掛けるためには、行動を起こさせる売買エンジンが必要になる。私が「エンジン」と呼ぶのは、それがあなたを「動かす」はずだからだ。エンジンは車を動かす。売買エンジンはあなたを動かす。

損切り　このトレードはうまくいっていないと認めて、ポートフォリオから外す価格を設定しておく必要がある。多くのトレーダーは損切りを置くことが役に立つとは思っていない。彼らはこの注文が他人に利用されることを心配して、「頭の中の損切り注文」を使おうと決める。損切り注文を実際に置く代わりに、どこで損切りするかを事前に決めておけばよいと考えるのだ。これはお粗末なテクニックである。頭の中の損切り注文１つで、損切りに何度も引っかかって被る小さな損失額の合計に匹敵するほど大きな損失を被りかねない。損切り注文を置いておくことは全天候型トレーダーにとって不可欠だ。

利食い（どこで手仕舞うか） その戦略で数日しかトレードをしない場合、何らかの論理的方法で利食う価格を設定してもよい。例えば、とるリスクの２倍で利食いをしてもよい。あるいは、短期トレードで、買われ過ぎか売られ過ぎになったあと、相場が「正常な水準」に達したところで利食いをしてもよい。相場があまり動かず、目標価格まで達しない場合、思惑どおりの動きをしないポジションに貴重な資金を縛られないために、手仕舞ってもよい。これはタイムストップ（設定した期間が過ぎたら、ポジションを手仕舞う）と呼べる。

長期的なトレンドフォロー戦略では、トレンドが転換したときに利食うことを目指す。その時点で、うまくいけばかなりの利益で逆指値に引っかかるだろう。この項目で言いたいことは、手仕舞いのためのプランが必要だということだ。手仕舞いのプランがないということはバイ・アンド・ホールドに等しい。全天候型トレーダーならば、そんな状況に身を置きたいとは思わない。

ポジションサイズを決める スクリーニング、順位付け、買うか売るかまでのすべてを終えても、まだやるべきことがある。それは、適切なポジションサイズを考えることだ。大きすぎると口座資金が吹き飛ぶ危険があるが、小さすぎると十分な利益を得ることができない。

どのトレード戦略にもこれらと同じ要素がある。さらに、トレード候補をランク付けして、毎日上位X位の候補を選ぶといった要素も作っているかもしれない。また、いったん損切りさせられても、それが再びトレード候補に挙がってきたら、再び仕掛けることを許すようにしたほうがよいかもしれない。ポジションサイズを決める戦略は、自分の戦略で達成しようとしていることが実現できるように作るべきだ。これについては第10章で詳しく説明する。

要するに、自分の考え方を１つのトレードスタイルで縛る必要はないということだ。トレンドを利用する戦略を持ってもよいし、大惨事から身を守る戦略や平均回帰の戦略を持ってもよい。オプションでプレミアムを受け取る戦略もある。株式市場でトレードをする人もいれば、ETF（上場投資信託）を使う人もいるし、先物で分散する人もいる。超長期でトレードをする人もいれば、短期でトレードをする人もいる。これらはすべて、リターンを向上させること、つまり、安眠を奪うリスクを管理しつつ、エクイティーカーブ（純資産曲線）をできるかぎりまっすぐに保つことに貢献するはずだ。

第5章 投資のタイミング

TIMING INVESTMENTS

ここスコッツデールでは、「投資でタイミングを計ってもうまくいかない、というのは本当なんでしょう？　大学教授やファイナンシャルプランナーや株式ブローカーからそう聞いてますよ」と、どこでもうるさいほど言われる。私は、「タイミングを計る目的によりけりです」と答えている。

リターン・リスク・レシオの向上を目指すために、リターン側だけにこだわるこの姿勢には長年驚かされてきた。どんな投資対象であれ、バイ・アンド・ホールドを生涯続ければ、取引費用は減り、管理に費やす時間も減る。そして、相場が有利な方向に動けばリターンが増え、不利な方向に動けば損失が増える。最後の項目である損失はだれでも被るものだ。トレードのベテランである私でも、純資産が25％減って、損失から身を守る方法がなく、損失がさらに膨らむ投資対象にこだわる忍耐力はない。50年のトレード経験を持つ私でも無理なのに、あなたにこれができるだろうか？

私はつい最近、研究論文を書くために行った調査をウェブサイト（https://enjoytheride.world/）で更新した。ヤフー・ファイナンスで無料公開されているS&P500のデータを使い、10日と40日の単純移動平均線を作った。そして、上昇か下落への転換を測定した。次に、それぞれのシグナルを上昇、下落、横ばいに分類した。

この指数が少なくとも５％動いた場合に上昇か下落に分類した。５％に満たずに方向転換した場合、それは横ばいに分類した。私の目標は株式相場の上昇、下落、横ばいの動きがどれくらい続くかを知ることだった。結果は、**図表10**にまとめた。

この結果から多くの重要なことが分かる。まず、株式相場で大半の期間はどちらの方向にも動かない。60.5％以上が横ばい相場だ。すべての日数において、上昇相場は30.50％にすぎず、下降相場は

図表10　タイミングを計った場合とバイ・アンド・ホールドとの比較（1964年1月〜2021年12月の58年間）

	上昇相場	下降相場	横ばい相場	合計	バイ・アンド・ホールド	タイミング
トレード数	34	16	379	429	1	429
トレード数（%）	7.93	3.73	88.34	100	100	100
日数	6,348	1,862	12,606	20,816	20,816	20,816
日数（%）	30.50	8.95	60.55	100	100	100
年平均成長率（%）	510.62	206.56	-510.04	207.145	7.41	4.76
1トレード当たり年平均成長率（%）	15.02	12.91	-1.35			
最大ドローダウン（%）					-56.7754	-25.3604
リターン÷最大ドローダウン					0.1305	0.1876

わずか8.95％である。

下降相場は通常、上昇相場よりも値動きが速い。恐怖心のせいで、トレーダーは素早く動くようだ。全期間のわずか8.95％である下降相場では、12.91％のリターンが得られた。全期間の30.50％である上昇相場では、少し多い15.02％のリターンを得ている。ざっと計算すると、下降相場では、上昇相場の29.34％（8.95％÷30.50％）の期間で、上昇相場で得られたリターンの85.95％（12.91％÷15.02％）を達成している。下降相場では、状況はすぐに悪化するということだ。

次に注意すべき点は最大ドローダウンだ。前に述べたように、私を含めてほとんどのトレーダーは、バイ・アンド・ホールド戦略での－56.78％というドローダウンを許容する度胸がない。そのため、この戦略はある時点で放棄される可能性が高く、トレーダーはここに示されている年平均成長率（CAGR）を手にすることはできないだろう。タイミングを計る戦略では、このドローダウンは半分に減るので、はるかに受け入れやすい。

最後に気づいたことは、タイミングを計る戦略のリターンはバイ・アンド・ホールド戦略のリターンの64％だが、最大ドローダウンは半分以下であることだ。そのため、最大ドローダウンに対するリターンは、バイ・アンド・ホールド戦略が0.1305であるのに対し、タイミングを計る戦略では0.1876と、リターン・リスク・レシオは43.7％も向上している。この特徴だけで、数十年にわたる運用はずっと楽になるため、心理的にタイミングを計る戦略に従いやすくなるだろう。

S&P500でタイミングを計ろう

SPYはS&P500に連動する流動性の高いETF（上場投資信託）だ。私はドンチャンチャネル、ケルトナーチャネル、ボリンジャーバンドという３つの指標の売買エンジンだけを組み合わせたシンプルな買い戦略で、トレードのシグナルを点灯させるようにした。買いシグナルが出るたびに５％のリスクをとってSPYに投資し、下落局面では金利を稼ぐことなく現金で過ごすことにした。結果は**図表11**のとおりだ。

これはシミュレーションであり、資金を現金で保有しているときには金利を稼いでいない想定であることを理解しておこう。結果は＋6.489％と、プラスのリターンで、リターン・リスク・レシオの各指標も良く、勝率は50％以上、純資産は12年で２倍以上になった。

図表11　SPY ETFの値動きでタイミングを計る

- ●期間　2010年1月1日～2022年6月1日（12.41年）
- ●当初資金10万ドル、シグナルが点灯するたびに純資産の100％を買いのみで投資
- ●3つの指標でタイミングを計る
- ●21日（ドンチャンチャネル21日、ケルトナーチャネル21日［乗数2.3］、ボリンジャーバンドでの買いは21日［乗数2.0］、売りは50日）

統計	上昇シグナルの結果
CAGR	6.489
シャープレシオ	0.718
ソルティノレシオ	0.889
リターン÷平均ドローダウン	3.727
リターン÷最大ドローダウン	0.375
最大ドローダウン（％）	-17.316
総トレード数（12.41年）	34
勝ちトレード数	18
負けトレード数	16
勝率	52.941
プロフィットファクター	$2.68
総損益	$113,882

しかも、トレード数はたった34回であり、年平均では約2.7回のトレードをするだけでよかった。これは私にはかなり簡単なトレードに思われる。

どの投資対象でタイミングを計ることができるか

高い損失リスクがあると判断したどの市場でも、タイミングを計ってリスクの一部をコントロールできる。タイミングを計るという

ことは、基本的にポートフォリオからリスクを取り除いて、マネーマーケットのような見返りの少ない投資対象でリスクに対処することである。嵐が収まるまで、安全な避難所で嵐を乗り切るということだ。

私は投資信託でタイミングを計ることから投資を始めた。１日の終わりに指標の計算をして、買いか売りのシグナルを確認したら、投資信託の販売会社にファクスを送り、終値で買うか売るかした。ETFが考案されると、私はそれらでタイミングを計るようになった。それ以来、ナスダック指数先物、ビットコインとイーサリアムの先物、商品先物、エネルギー、FX、貴金属の市場でタイミングを計ってきた。

「風はコントロールできないが、帆は調整できる」ということわざがある。これはタイミングを計る方法をうまく要約した言葉である。相場はどんな動きでもするが、どれだけリスクをとるかは自分でコントロールできる。タイミングを計るのは、どれだけリスクをとるかを劇的に変えるシンプルで簡単な方法だ。

タイミングを計る別の例――原油先物

ここ10年か20年にわたって経済ニュースを見ていたか、ガソリンスタンドで車にガソリンを入れている人ならば、世界中で石油価格が上がったり下がったりしているのに気づいているだろう。石油か石油製品を販売するか、消費する必要がある会社の経営者ならば、石油価格の動き次第であっという間に利益や損失が生じかねないことを知っている。これは私たちが取り組めるリスクに思える。よく考えてみよう。

私は過去Ｘ年間に取引されたWTI原油先物の価格データをNYMEX（ニューヨーク・マーカンタイル取引所）から入手し、自分で使っているシミュレーション用のプラットフォームであるシムトレーダーに読み込ませた。そして、ドンチャンチャネル、ケルトナーチャネル、ボリンジャーバンドの３つの指標を組み合わせた売買シグナルを作った。これらの指標は私のお気に入りであり、この章の最後で詳しく説明する。

今回の調査では、21日という期間を選んだ。これはトレード数が多すぎて取引費用がかかりすぎるほど短期ではない。また、値動きによって生じるリスクにほとんど対応しないバイ・アンド・ホールド戦略に近いほど長期でもない。

結果はほぼ予想どおりだった。原油先物を１枚だけトレードしたとする。相場はかなりの時間、横ばいの動きをしていた。値動きはリスクである一方、トレーダーはリスクから利益を得るので、最も利益が多くなるのは相場の上昇期間と下落期間である。価格が大して上げも下げもしない時期に、相場で大きな利益を得るのは非常に難しい。損益計算書に石油の費用が計上されるすべての企業にとって、上昇相場か下降相場の時期は業績にプラスかマイナスのどちらかになる可能性が高い。

原油を精製して作るジェット燃料を大量に消費する航空会社の場合を考えてみよう。原油価格が上昇すれば燃料費が増える。その費用を乗客に転嫁できなければ利益が減る可能性がある。逆に、原油価格が下落すれば、航空会社の燃料費は減り、航空券の価格が同じならば利益が増える可能性がある。

結果を分析してみよう。航空会社は原油が上昇トレンドに転換するたびに原油の先物を買う。そうすれば、飛行機を飛ばすときに利

図表12　原油の値動きでタイミングを計る

●期間　2010年1月1日～2022年6月1日（12.41年）
●当初資金10万ドル、シグナルが点灯するたびに純資産の100%を買いのみで投資
●3つの指標でタイミングを計る
●21日（ドンチャンチャネル21日、ケルトナーチャネル21日［乗数2.3］、ボリンジャーバンドでの買いは21日［乗数2.0］、売りは50日）

統計	上昇シグナルの結果	下落シグナルの結果
CAGR	3.327	3.691
シャープレシオ	0.323	0.344
ソルティノレシオ	0.436	0.508
リターン÷平均ドローダウン	0.966	0.614
リターン÷最大ドローダウン（MARレシオ）	0.106	0.099
最大ドローダウン（%）	-31.501	-37.354
総トレード数（12.41年）	95	56
勝ちトレード数	44	17
負けトレード数	51	39
勝率	46.316	30.357
プロフィットファクター	1.34	1.42
総損益	$49,470	$53,910

益の一部を失うが、先物では利益を得られる。この**図表12**を見ると、航空業界にとって厳しい時期が多かった12.4年間に、原油先物１枚当たり４万9470ドルの利益が得られたことが分かる。上昇シグナルで利益を得られずに出た損失はヘッジ費用になる。これらの損失は

上昇トレンド時の買いトレードに含まれている。そのため、ある航空会社が、原油先物の上昇シグナルが点灯したら買い、下落シグナルが点灯したら売ってヘッジを外すというヘッジプログラムを実行していたら、損益計算書の変動は小さくなっていただろう。そうすれば、燃料費が大幅に上昇しても大損することはないと安心できて、効率的な事業運営に集中できただろう。

また、原油相場の下落時期にはジェット燃料費が下がって得をするかもしれない。**図表12**は、原油の売りトレードで期間中に１枚当たり５万3910ドルの利益が得られたことを示している。原油相場の下落時期は燃料費が下がるため、飛行機を飛ばす費用も下がる。この期間はヘッジがうまくいかずに、わずかな損失が出たときのために利益を蓄えておくのに役立てることもできる。

債券のETFでタイミングを計る

多くの企業や個人トレーダーは金利や債券利回りが上下すると、影響を受ける。個人の債券投資家は金利が急上昇する時期にポートフォリオの債券価格が下落するという経験をする。逆に、金利と利回りが低下すると、債券価格は通常上昇する。

企業も同様に影響を受ける。金利が低下すると企業の資本コストも低下して、新しい設備を安く購入でき、もっと成長できる。金利が上昇すると資本コストも上昇して、事業拡大の費用が増える。住宅所有者に変動金利の住宅ローンを販売する住宅ローン融資会社が金利の上昇を喜ばないのは、住宅ローンの額面価格が下落することや、住宅所有者が高金利のせいで債務不履行に陥ることがあるからだと想像できる。ここでも、タイミングを計ることによって金利リスクに対処できそうだ。

同じ3つの指標を米国債ETFに当てはめて、過去10年余りでタイミングを計ったらどうなるかを見てみよう。金利市場の中期的な動きを見るために、指標では21日を使った。

図表13はSCHQ（シュワブ長期米国債ETF）の売買結果を示している。見て分かるように、金利がかなり低下したため、債券価格の上昇（利回りは低下）を示す買いシグナルがこの時期に頻繁に点灯した。

この測定期間中に住宅ローン融資会社は追い風を受けていた。利回りが低下している時期には、住宅ローンを融資額以上の価格で売却して、利益を余計に計上できるかもしれない。しかし、金利の上昇が長期間続けば、ローンを組んでいる人にとっては間違いなく逆風になる。その場合、投資で利益を得ることができれば、リスクが少しでも相殺されて、資金面で楽になる。

セクター別ETFでタイミングを計る

これは何十年もの間、私自身のポートフォリオでさまざまな形で行ってきたことだ。昔はセクター別の投資信託でタイミングを計っていた。ETFが登場し、買いも売りもできるようになったので、私はセクター別ETFでタイミングを計るようになった。だから、私は投資信託でタイミングを計る経験が豊富にある。

ETFでタイミングを計るのは少ない資金でも使える優れた手法である。まず、ほとんどの証券会社は株式の手数料を大幅に引き下げるか廃止した。そのため、手数料で大きくマイナスになることなく、極めて少ない株数で株を買うことができる。

図表13　長期国債のETFの値動きでタイミングを計る

●期間　2010年1月1日～2022年6月1日（12.41年）
●当初資金10万ドル、シグナルが点灯するたびに純資産の100%を買いのみで投資
●3つの指標でタイミングを計る
●21日（ドンチャンチャネル21日、ケルトナーチャネル21日［乗数2.3］、ボリンジャーバンドでの買いは21日［乗数2.0］、売りは50日）

統計	上昇シグナルの結果	下落シグナルの結果
CAGR	1.328	0
シャープレシオ	0.126	
ソルティノレシオ	0.168	0
リターン÷平均ドローダウン	0.344	0
リターン÷最大ドローダウン（MARレシオ）	0.068	0
最大ドローダウン（%）	-19.539	0
総トレード数（12.41年）	7	0
勝ちトレード数	4	0
負けトレード数	3	0
勝率	57.143	0
プロフィットファクター	$1.38	0
総損益	$2,819	0

第2に、1つのETFは複数の銘柄を集めたものであり、1ポジションでとるリスクを多くの企業の株式に分散している。そのため、ある企業の決算数字が悪かった場合や、株価が暴落するような臨時ニュースが発表された場合でも、その影響を相殺できる。

第３に、ETFにはさまざまな種類がある。セクター別ETFはさまざまな業種、資本金、相場の方向性をカバーしている。アクティブ運用のものもあれば、指数に連動するパッシブ運用のものもある。値嵩株もあれば、低位株もある。まるでお菓子屋だ。自分の好きなお菓子を何でも選べる。

私は自分のセクター別ETFでタイミングを計る戦略を作るときに、使えるすべてのETFについて幅広くスクリーニングを行ったわけではない。使ったETFのほとんどは経済番組でときどき宣伝されているSPDRのセクター別ETFだ。私はよく「どのセクター別ETFを使っているのですか」と尋ねられるので、**図表14**にティッカーとセクター別ETFをリストアップした。次にそれらのティッカーと名前を列挙しておく。本書の内容すべてに関して言えることだが、私が現在使っている金融商品や指標やパラメーターは、全天候型トレーダーとしての戦略を向上させるにつれて、更新される可能性がある。

ポートフォリオは30種類のETFで構成されており、それぞれにマーケットリスクがある。そこで、これをより全天候型にするために、私はどうするだろうか。もちろん、タイミングを計るのだ！この章の最後で詳しく説明する３つの指標を使って、これまでのシムトレーダーの例で使ったのと同じ12.4年にわたって、これら30種類のETFのデータでシミュレーションをしてみたのが**図表15**である。

結果は、私自身がこの期間に実際に経験したことに非常に近い。ETFは買い持ちしているので、強気相場が長く続くと、大きな利益になる。私たちは過去12年余りに、そうした経験をたくさんした。弱気相場が続く時期には、ETFを現金に換えて資産を守る。横ば

図表14　私が現在使っているセクター別ETFのリスト

ティッカー	ETFの名称
EEM	MSCIエマージングマーケット
GNR	SPDRグローバル天然資源
IWO	iシェアーズ・ラッセル2000グロース
JNK	SPDR ハイイールド債
KBE	SPDR S&P銀行
KRE	SPDR 地方銀行
SPDW	SPDR 先進国株式（除く米国）
SPSM	SPDR S&P 600小型株
XAR	SPDR 航空宇宙&防衛
XBI	SPDR バイオテクノロジー
XES	SPDR 石油&ガス機器&サービス
XHB	SPDR S&P ホームビルダー
XLB	SPDR 素材セレクトセクター
XLC	SPDR コミュニケーションサービス
XLE	SPDR エネルギー・セレクト・セクター
XLF	SPDR金融セレクトセクター
XLI	SPDR 資本財セレクトセクター
XLK	SPDR テクノロジー・セレクト・セクター
XLP	SPDR 消費財セレクトセクター
XLU	SPDR 公益事業セレクトセクター
XLV	SPDR ヘルスケア・セレクト・セクター
XLY	SPDR 一般消費財セレクトセクター
XME	SPDR S&P金属&鉱業
XOP	SPDR 石油・ガス探査&生産
XPH	SPDR 医薬品
XRT	SPDR S&P小売
XSD	SPDR S&P 半導体セクター
XSW	SPDR ソフトウェア&サービス
XTL	SPDR S&Pテレコム
XTN	SPDR S&P運輸

い相場ではタイミングを計ってもうまくいかず、小さな損がたくさん出て、損失が膨らむこともある。

あるセクターが上昇に転じると、私は積極的にリスクをとる。そ

図表15　セクター別ETFでタイミングを計る――買いのみ

●期間　2010年1月1日～2022年6月1日（12.41年）
●当初資金10万ドル、シグナルが点灯するたびに純資産の100%を買いのみで投資
●3つの指標でタイミングを計る
●21日（ドンチャンチャネル21日、ケルトナーチャネル21日［乗数2.3］、ボリンジャーバンドでの買いは21日［乗数2.0］、売りは50日）

統計	上昇シグナルの結果	下落シグナルの結果
CAGR	24.043	0
シャープレシオ	0.849	
ソルティノレシオ	1.110	0
リターン÷平均ドローダウン	3.402	0
リターン÷最大ドローダウン（MARレシオ）	0.492	0
最大ドローダウン（%）	-48.859	0
総トレード数（12.41年）	1,048	0
勝ちトレード数	441	0
負けトレード数	607	0
勝率	42.080	0
プロフィットファクター	$1.50	0
総損益	$1,290,977	0

して、そのセクターが下落に転じると、リスクをうまく避ける。横ばい相場の時期には、そのままにしておく。それらを合わせると、全天候型になると私は考えている。

タイミングを計るトレード候補をどうやって探すか

相場が大きく動くときにタイミングを計れば、利益が出るか損失

を避けられるかのどちらかだ。相場に動きがなければ、狙うべき利益も対応すべきリスクもない。だから、探すための最初の基準は大きな動きだ。大きな動きほど、タイミングを計って得るものが大きくなる。

第２の基準は流動性だ。トレード候補のほとんどにはビッド・アスク・スプレッドというものがある。ビッド（買い気配値）とは、買い手がその銘柄を買いたいと思っている最も高い価格のことだ。アスク（売り気配値）とは、売り手が売りたいと思っている最も安い価格のことだ。この買値と売値が一瞬でも等しくなれば取引が成立し、それらの買い手と売り手はその価格で望んでいたものを手にする。

出来高が多くて流動性が高い市場はスプレッドが最も狭いため、取引費用が最も安くなる。大企業の株や出来高の多い市場、過去にスプレッドが狭かった銘柄を探そう。

タイミングを計る銘柄を選別するときのもう１つの基準はボラティリティの高さだ。値動きが速いものほど、リスクをうまく利用したり管理したりできる。多くの証券会社のプラットフォームでは、多数の候補から選別する基準の１つとして過去のボラティリティが利用できる。

レバレッジ型ETFとベア型ETF

ファンドマネジャーは従来の投資信託とはまったく異なるリスクをとる、あらゆる種類のETFを作り出した。現在では、連動する指数の３倍の動きをするレバレッジ型ETFや、連動する指数が下落すると利益が出るベア型ETFを買うこともできる。こうした新しいETFのなかには、レバレッジや方向性に柔軟性があるものもあり、投資でタイミングを計りたいトレーダーはさまざまなポジションを積極的に取ることができる。ただし、これには注意が必要だ。保有コストが高くなる場合もあるし、相場が自分のポジションに逆行すると、レバレッジのせいで怖い思いをすることもあるからだ。

401KのIRAや課税繰り延べの非課税ポートフォリオでタイミングを計る

課税が繰り延べされるか、非課税のポートフォリオに入っている銘柄の価値はどうなるだろうか。私は非常に多くの人から、「ポートフォリオには買ったときよりも価値が下がっているものがあって、売れないんですよ」と言われてきた。だが、この考え方はまったく見当違いだ。IRA（個人退職勘定)、401K、年金制度など、税金が優遇されているポートフォリオ内の銘柄を売買しても、税務上の影響はほとんどない。つまり、現金１ドルと、１ドルの株式や１ドルの債券など、１ドルのどんな銘柄でも現金１ドルとほぼ同じ価値なのだ。コンピューターでマウスを数回クリックすれば、非常に安い取引費用で銘柄を入れ替えることができ、課税される心配はないのである。

含み損になっているポジションを無理に持ち続けるべき理由などない。ポートフォリオ内でのポジションの価値こそ、考慮すべき価格である。どこで買ったのかや、いつ買ったのかについて、特に意味はない。ポートフォリオ内で、利益を生むかリスクを減らすようにポジションを取ることだけが重要なのだ。

結論　実際に利益や損失を出しても税金はかからない。だから、タイミングを計ることは、税金が優遇されているポートフォリオでリスクに立ち向かう素晴らしい方法である。これらのポートフォリオでは、１ドルは１ドルなのだ。

タイミングを計る指標で考慮すべきこと

タイミングを計る指標やパラメーターの組み合わせは、おそらく世界中のトレーダーの数だけある。私はそれらの指標を「売買エンジン」と呼んでいる。その名のとおり、エンジンとは動きを生み出すものであり、売買エンジンは売買という行動を促すものである。では、タイミングを計るために役立つ売買エンジンに何を求めるべきだろうか。いくつか考慮すべきことを見ていこう。

第１に、コンピューターで簡単にプログラムを作って各期間の計算ができるほど、非常にシンプルなものが良い。その指標のロジックをだれかに説明して、すぐに理解してもらえるものであるべきだ。シンプルな売買エンジンは「買い」「売り」「何もしない」のどれを選ぶべきかを明確に示す必要がある。

また、私はパラメーターの数が最小の指標が好きだ。トレーダーへのインタビュー集である『マーケットの魔術師』シリーズの著者のジャック・Ｄ・シュワッガーは彼自身も成功したトレーダーだ。彼は会話のなかで「制約の程度（degrees of restriction）」という言葉を使った。彼は指標を算出するためのパラメーターが多いほど、指標の制約が大きくなるという概念に言及した。パラメーターが多いほど、指標は将来直面するさまざまな状況に対応するときに堅牢でなくなる。そのため、私はパラメーターがほとんどない指標が好きだ。

次に、私は相場の方向だけでなく、方向性がないことも明確に示す指標が好きである。また、ノイズゾーン（無視してよい通常の値動き）を含む指標が好きだ。大きな値動きがあれば、上昇・下落のシグナルが点灯し、買い・売りの明確な指示が得られる。移動平均線にはノイズゾーンがないので、私はあまり好きではない。

最後に、指標やそのパラメーターを定期的に「最適化」しなければならないのは、楽しいことでも論理的なことでもないと思う。50日移動平均線のパラメーターは１つだけで、それは素晴らしい。しかし、ある年にシグナルを点灯させるのに最適でも、翌年には最適とはとても言えないかもしれない。私は変化する相場環境にうまく反応する指標を探している。相場の変動が激しくなれば、自動的にノイズゾーンが広くなる指標がよい。変動が少ない時期には、より小さな値動きで適切にシグナルが点灯してほしい。

私のお気に入りの３つのトレンドフォローの指標

ドンチャンチャネルの背景

私が何十年も使ってきた最もシンプルな指標の１つはリチャード・ドンチャンが作ったものである。私は数十年前にトレーダー向けの私的なディナーパーティーで、幸運にも彼の話を聞くことができた。ドンチャンチャネルは今では彼の名前を冠した指標だ。

彼の理論はシンプルで、指標を作るのも使うのも簡単である。彼は通常の値動きの上下にチャネルを作った。彼が選んだパラメーターは１つだけで、過去の値動きの一定期間である。

上昇シグナルで買い、下落シグナルで売り、それ以外は何もしない。ドンチャンチャネルはシンプルで、パラメーターが1つしかない。ノイズゾーンがあり、価格が大きく変動する時期にはノイズゾーンが拡大し、変動が少ない時期には縮小する。ドンチャンチャネルは手放せない指標だ。

ドンチャンチャネルの定義

直近X日間の最高値と最安値をそれぞれ、値動きの上下にプロットしてチャネルを作り、直近X日間の価格の両極端を示す。この両極端の内側はノイズゾーンとみなされて、無視される。価格がチャネルの上側を上に抜けば、上昇トレンドと判断できる。チャネルの下側を下に抜けば、下降トレンドと分かる。ドンチャンチャネルの利点は、指定期間中の最高値と最安値を測定するところだ。

ケルトナーチャネルの背景

もう1つの優れた指標はケルトナーチャネルだ。コーポレート・ファイナンス・インスティチュートはこのチャネルの歴史を次のように説明している。

> ケルトナーチャネルはアメリカの穀物トレーダーだったチェスター・W・ケルトナーにちなんで名づけられた。彼はこの指標を1960年に出版した著書『How to Make Money in Commodities（ハウ・トゥー・メイク・マネー・イン・コモディティーズ）』で説明している。彼は当初、これを10日移動平均線と説明していた。最初の定義では、中心線が典型的な価格

を示していて、それは高値、安値、終値の平均だった。中心線の上下の線はある距離を置いて引かれるが、その距離は直近10日の取引レンジの単純移動平均である。ここでの全般的な戦略は、終値が上の線を上に抜けば強気のシグナルとみなし、下の線を下に抜けば弱気のシグナルとみなす。ケルトナーチャネルは後にリンダ・ブラッドフォード・ラシュキによってさらに修正された。彼女は異なる平均期間、指数移動平均、ATR（真の値幅の平均）を追加した。

ケルトナーチャネルの定義

この指標はまず指数移動平均線（EMA）を引き、ボラティリティを測るATRに基づいて上下のラインを追加してノイズゾーンを作る。つまり、ケルトナーチャネルは計算が簡単で、２つのパラメーター（時間とATRの何倍で上下の線を設定するか）しかなく、ノイズゾーンがあり、ボラティリティの尺度であるATRを使ってノイズゾーンの幅を拡大したり縮小したりする。この指標は、私が優れた指標とみなす基準をすべて満たしている。

ケルトナーチャネルにはボラティリティを測る要素もあり、相場が多かれ少なかれ行きすぎたときにその場で調整される。この指標では、ボラティリティは直近X日間のATRで測られる。指標ではまず移動平均を計算し（私は指数移動平均が好きだが、どれでもかまわない）、次にATRの一定倍数分を平均の上下に追加する。そして、チャートに３本の線を引く。中間の線は移動平均線で、これは値動きの中間、あるいは私がノイズと呼んでいるものである可能性が高い。上の線はATR（ボラティリティ）の一定倍数分高く、ノイズの上限になる。下の線はノイズの下限になる。ノイズの上限を上に抜けば、相場は上昇トレンドにある。ノイズの下限を下に抜けば、相場は下降トレンドにある。上限と下限の内側はノイズであり、無視される。

ボリンジャーバンドの背景

私が使っている最後の売買エンジンはボリンジャーバンドである。これはジョン・ボリンジャーが1980年代に考案した指標だ。私は数十年前のタイミングを計る会議で彼に会ったことがある。この指標は柔軟なトレード用バンドが必要だったことや、ボラティリティが当時広く信じられていたこととは異なり、絶えず変化するという観察から生まれた。

ボリンジャーバンドは株式、FX、商品先物、先物など、すべての金融市場で使える。また、超短期から１時間足、日足、週足、月足まで、ほとんどの時間軸で使える。

ボリンジャーバンドの定義

この指標は指数移動平均を使うため、ケルトナーチャネルと似ている。ただし、ボリンジャーバンドのボラティリティの尺度はケルトナーチャネルのものとは異なり、直近X期間の価格の標準偏差を用いる。ケルトナーチャネルと同様に、ボリンジャーバンドでも乗数を使って、ノイズゾーンの上限と下限にチャネルラインを引く。価格の標準偏差に乗数を掛けて、ノイズゾーンの上限と下限の線を計算する。ボリンジャーバンドは計算が簡単で、２つのパラメーター（期間と乗数）しかなく、ノイズゾーンがあり、価格の標準偏差が大きくなるか小さくなるかで、ノイズゾーンが拡大か縮小する。

タイミングについてのまとめ

この章では、タイミングを計れば、リスクをとったり、リスクを減らしたりすることがいかに簡単にできるかについて多くの説明をした。私は3つの例について概説し、トレーダーがシンプルな指標を使い、タイミングを計る戦略でリスクを劇的に変えられることを示した。一般的に言えば、リスクを自分にとって有利に使えると思われるときにはリスクを受け入れ、リスクで損失を被ると思われるときにはリスクに立ち向かうことだ。

これは完璧なシステムではない。自分に不利なリスクの兆候が見えても、相場がすぐに反転して、再び自分に有利な方向へ動き出す時期もある。タイミングを計るとちゃぶついて、たいていは小さな損失を被ることもある。これはタイミングを計る戦略で必要になるコストであり、私自身のポートフォリオで使う分にはまったく問題ない。しかし、覚えておくべき重要なことがある。相場が自分のポジションに大きく逆行する時期にタイミングを計れば、大損する可能性の多くを減らすことができるし、場合によってはそのリスクを利用して利益を出すことさえできる。全天候型トレーダーとして、値動きの素晴らしい時期を楽しみ、破滅的な損失を避けるために、ちゃぶつきによる損失を受け入れる価値があると判断するかどうかはあなた次第である。

第6章 ポートフォリオをヘッジする

HEDGING YOUR PORTFOLIO

前の第５章では、相場でタイミングを計り、リスクを利用して利益を得る方法について見てきた。特にポートフォリオを損失リスクから守るためにタイミングを計るプログラムを構築する場合、それはヘッジ戦略になる。私は株式のポートフォリオでこの方法を用いている。私は常に25～30種類のETF（上場投資信託）と株式を１～２銘柄保有しているが、それらはすべて買いポジションだ。株式市場が下降相場に転じた場合、これらの銘柄は間違いなく流れに逆らうことになるので、私は第５章で説明したように、個々の買いポジションでタイミングを計るだけでなく、ヘッジ戦略を使ってポートフォリオ全体を守っている。

私のポートフォリオはかなり分散されている。だが、ポートフォリオの株式を中心とした部分で何を買い持ちしていようと、主要な株価指数が例えば50％下げるような相場では、ポートフォリオは打撃を受けると考えなければならない。このリスクを減らすために何もしなければ、ほとんどのポートフォリオは40～60％の損失を被ることになる。

ヘッジとは要するに、損失を埋め合わせるために利益を生み出そうとすることだ。私のポートフォリオが長期の弱気相場で大きな損失を被りそうなときに、利益を生み出して損失の一部を埋め合わせることができれば、リスクを減らせるので、このプロセスに不安を感じないで済む。

私の実例

私のセクター別タイミング戦略では、20種類のセクター別ETFを監視し、上昇シグナルで買い、下落シグナルで売る。この戦略では、20のETFすべてで上昇シグナルが点灯することはめったにないし、完全に現金化することもめったにない。そのため、どの時点においても、これらETFのタイミングを計るだけではカバーしきれない株式相場の下落リスクを抱えている。そこで、私は株価指数によるヘッジ戦略でリスクの一部を管理している。

まずヘッジ手段を選ぶ必要があった。私のポートフォリオのETFはほとんどが株式市場全体をカバーしているため、ヘッジ手段としてS&P500ミニ先物（ES）を使うことにした。ETFの損失リスクは株式相場の下落時に生じると考え、下落シグナルが点灯するたびにESを売り、上昇シグナルが点灯するたびにESを手仕舞うことにした。ヘッジを外せば、ETFのポートフォリオは自由に上昇できる。

先物を選んだ理由はいくつもある。第１に、私は40年以上も先物のトレードをしているので、先物を理解している。第２に、現在の税制では、60％が長期キャピタルゲイン、40％が短期キャピタルゲインで課税される。最後に、ここにはウオッシュセールルール（節税目的の売買に関するルール）が適用されないので、必要であれば短期間にヘッジを繰り返すことができる。私はトレーダーであって、税務の専門家ではない。しかし、ポートフォリオをヘッジするために先物を利用するのは、私にとって健全な判断だったと思う。あなたが先物を使ってポートフォリオをヘッジする場合は、税務の専門家に相談してほしい。

以前に上昇期間と下落期間について調べたところ、株式相場では下落方向よりも上昇方向のほうがはるかに、その期間の長いことが分かった。この調査を利用して、上昇シグナルか下落シグナルかによって指標の感度を変えることにした。ヘッジをするための下落シグナルが点灯しにくいようにし、ヘッジを外すための手仕舞いのシグナルは点灯しやすくした。私のポートフォリオでは、ヘッジトレードを始めるときの測定期間は50日が適当で、ヘッジを外すための測定期間は21日が適当だと判断した。私はドンチャンチャネル、ケルトナーチャネル、ボリンジャーバンドの３つの指標を使い、３つの指標のうち最初に売りシグナルが点灯した指標でヘッジをし、最初に買いシグナルが点灯した指標でヘッジを外すことにした。現在使っているケルトナーチャネルの乗数は2.3、ボリンジャーバンドの乗数は2.0だ。すべてのパラメーターを**図表16**に示した。

これらのパラメーターとシミュレーション用プラットフォームのシムトレーダーを使って、先物のESだけで下落シグナルの検証をした。ポートフォリオのポジションや受け取るリターンがポートフォリオの大きさに左右されないように、1000万ドルの仮想ポートフォリオから始めることにした。ポートフォリオの資金量が少ない場合でも多い場合と同じように反応するが、ポジションサイズを調整するアルゴリズムのせいでポジションが時たま抜け落ちることがあって、結果に「粗さ」が生じる。資金量が非常に多いポートフォリオでシミュレーションをすれば、自分の作ったロジックや数学が測定期間中にどういう働きをしたかについて、より現実的な結果が得られる。過去数十年の株式相場はだいたいは上昇していたので、ヘッジにはある程度の費用がかかるはずだし、実際にかかった。上昇シグナルが点灯すれば、ポートフォリオは利益を上げるはずで、実際にそうなった。**図表17**に示した最終結果によると、ポートフォリオの破滅的な下落リスクは減少し、リターン・リスク・レシオの指標の一部も改善し、最大ドローダウンも予想どおり減少した。そして、分散投資のプラス効果によって総利益は増え、純資産の増加

図表16　現在使っているヘッジ用のパラメーター（変更の可能性あり）

	ドンチャン	ケルトナー	ボリンジャー
下落方向での日数	50	50	50
下落方向での乗数	なし	2.3	2.0
上昇方向での日数	21	21	21
上昇方向での乗数	なし	2.3	2.0

図表17　ESでタイミングを計ってヘッジをする

- 期間　2010年1月1日～2022年6月1日（12.41年）
- 当初資金10万ドル、シグナルが点灯するたびに純資産の100%を買いのみで投資
- 3つの指標でタイミングを計る
- 21日（ドンチャンチャネル21日、ケルトナーチャネル21日［乗数2.3］、ボリンジャーバンドでの買いは21日［乗数2.0］、売りは50日）

統計	バイ・アンド・ホールド	ヘッジのみ	総合
CAGR	11.960	-4.161	11.079
シャープレシオ	0.934	-0.453	1.013
ソルティノレシオ	1.119	-0.655	1.275
リターン÷平均ドローダウン	7.757	-0.695	6.812
リターン÷最大ドローダウン（MARレシオ）	0.396	-0.230	0.554
最大ドローダウン（%）	-30.192	-18.090	-19.993
総トレード数（12.41年）	1	9	29
勝ちトレード数	1	2	10
負けトレード数	0	7	19
勝率	100.000	22.222	34.483
総損益	$305,682	-$14,875	$267,832

にも役立った。

シミュレーションをしているトレーダーから受ける典型的な質問は、「シミュレーション期間の全体で損失を出しているのに、なぜヘッジのみの戦略を追加したいのですか」というものだった。その質問に対する答えは、エクイティーカーブ（純資産曲線）を滑らかにすることで得られる利益が予測しやすくなることや、損を取り戻すだけのために非常に大きな利益を出す必要がある破滅的な損失を避けることができるからだ。トレーダーは弱気相場でのヘッジで得た利益で多くの株を安い価格で買うことができ、リターン・リスク・レシオを改善できる。純資産を増やして冷静さを保つことができるということは、長い目で見れば多くのトレーダーが思っているよりもはるかに重要である。私の考えでは、これは非常に重要であり、相場が暴落したときのためのヘッジ戦略なしに株を買うことは到底考えられない。

どのくらいヘッジすべきか

ポートフォリオのリスクをヘッジする計画ができたので、「どのくらいヘッジすべきか」という質問に答えなければならない。10万ドルの株式で分散するポートフォリオを作り、10銘柄に１万ドルずつ投資していたら、弱気相場でポートフォリオを守るためにどのくらいヘッジすべきだろうか。

単純で最も簡単な計算方法は、株式のポジションと同じ金額でヘッジすることである。そこで、額面10万ドルの指数先物を売れば、指数はポートフォリオの株式とぴったり同じ動きをするわけではないが、リスクは劇的に減少する。

この単純な手法の問題点は何だろうか。ポートフォリオとヘッジの動くスピードを考慮して、両者の動きを一致させていないところである。単純に金額だけを同じにすれば、ヘッジをしすぎたり、足りなかったりすることがある。ユーティリティー株はヘッジよりも動きが遅くなるだろうし、変動の激しいハイテク株はヘッジよりも速く動くかもしれない。これらの例では、ヘッジがポートフォリオの動きに合っていない。さらに悪いことに、ヘッジの売りを手仕舞うまで、ヘッジをしすぎたのか足りなかったのかが分からない。

もっと効果的にヘッジ額を決める簡単な方法は、ポートフォリオのボラティリティを測ることである。適切な期間の１日当たり平均変動率を使えば、どれくらいヘッジをすればば株式ポートフォリオのボラティリティに見合うか判断できる。10万ドルの株式ポートフォリオがあり、過去50日間の１日当たり平均変動率が0.3％で、ヘッジの１日当たり平均変動率が0.3％だとすれば、ポートフォリオに見合うヘッジ額は額面10万ドルになる。しかし、ヘッジの変動率が0.15％であれば、ポートフォリオに見合う額は額面20万ドルと、２倍のヘッジが必要になる。

ヘッジに何を使うべきか

すべての人が私と同じ知識や快適さで先物をヘッジに使えるわけではない。そもそも先物を扱っていない証券会社もあるので、ヘッジに何を使うかを決めるときに、自分にとってどういう選択肢があるかを調べる必要がある。株式も先物も扱っている証券会社でポートフォリオを組んでいるのならば、前の例に従ってトレンドフォローのシグナルを使って指数先物でヘッジをすることができる。

一方、先物を扱っていない証券会社でポートフォリオを組んでいる場合は、ほかの方法でヘッジをする必要がある。信用取引口座を開設しているのならば、ポートフォリオと相関が高い指数連動型のETFを空売りすればよい。例えば、ポートフォリオの銘柄がほとんどハイテク株で占められている場合、ティッカーシンボルがQQQのようなナスダックに連動する指数ETFを下降相場で売り、上昇相場でそのヘッジを外す方法が考えられる。

環太平洋地域の株式をポートフォリオに組み込んでいるトレーダーと話をしたことがある。彼はその地域によく旅行に行っているため、知っている企業の株を安心して保有できたのだ。彼は自分のポートフォリオの動きと相関が高い環太平洋地域の指数連動型ETFを見つけて、それを空売りすることでポートフォリオの下落局面をヘッジしていた。これはヘッジ手段についてよく考え、自分のポートフォリオに合わせた完璧な例である。

妻のIRA（個人退職勘定）では、別の問題があった。IRA内では、IRAに関するIRS（内国歳入庁）の規則のため、ETFを空売りできなかった。私はSPXUのようなベア３倍ETFを適切な額だけ買うことで、その問題を解決した。こうすれば、IRAの買いポジションが１つ増えるが、ポートフォリオはヘッジされる。

自分だけの全天候型ヘッジ戦略を見つける

これまで、ポートフォリオをヘッジするために使えるさまざまな方法について取り上げてきた。しかし、ヘッジが必要なポートフォリオは読者それぞれによって異なるため、解決策は自分のポートフォリオに合わせて調整すべきである。ポートフォリオのマーケットリスクを減らすために、単純に先物を使う人もいれば、ETFやベア型ETFを使う人もいるだろう。

気づいてほしいのだが、重要なことは、ポートフォリオが被る損失、ひいてはあなたが被る苦痛を減らすための対策を講じるのに、完璧である必要はないということだ。危険なポジションを取っているか、マーケットが自分のポジションに逆行するか、自分を危険にさらしかねないほど影響力の強いイベントがあるなどのせいで、リスクが高まると分かったときにポートフォリオをヘッジすれば、乱気流に耐えられる全天候型ポートフォリオを作るのに大いに役立つ。

第7章
極端に幅広い分散

EXTREME DIVERSIFICATION

極端に幅広い分散とは何か

あなたが億万長者で、世界中のさまざまな時間帯や市場に資産を分散して保有しているとしよう。そしてそれらの資産には先物で買いポジションや売りポジションを取っている巨額のポートフォリオや不動産や通貨ポジションがあると想像してほしい。典型的な１日はどのようなものだろうか。これらの投資の一部では利益が出て、一部では損失が出ている。総合して、含み益になっているポジションの額が含み損になっているポジションの額を上回っていれば、ポートフォリオ全体ではプラスの日になる。

本書を読んでいるほとんどの人、そして私も億万長者ではないが、それでも極端に幅広く分散するというアイデアを利用して、純資産の増減を滑らかにすることができる。世界中に何千ものポジションを分散させることはできなくても、相関が極めて低いポジションを10か20持つことができれば、ポートフォリオのボラティリティは低くなるはずだ。

相関とは何か、そしてなぜ相関を低くしておきたいのか

相関とは、ポートフォリオ内の２つの銘柄が互いにどの程度似た動きをするかを測る統計的概念だ。A銘柄もB銘柄もエネルギー事業を営む超大企業で、原油価格が今日１％下落したとすれば、両銘柄ともマイナスの影響を受ける可能性が高い。今日、A銘柄が0.75％下落し、B銘柄も0.75％下落したとすると、この２銘柄の相関は100％、相関係数で言えば１になる。これは、両銘柄がまったく同

じ動きをしたことを意味する。相関は長期で測定されるのが通常である。

価格が上げるか下げるかは関係ない。同じ値動きをすれば、相関は100％だ。しかし、前の第６章で説明したように、株式のポートフォリオが５％下げて、それに対するヘッジが５％上げたとしたら、両者の相関はどうなるだろうか。この２つは完全な逆相関で、相関は－100％になる。相関係数では－１だ。これはポートフォリオの一部の含み損をヘッジによる利益で相殺しようとしているので、ヘッジとしては素晴らしい。しかし、極端に分散したポートフォリオを構築する場合には望ましくない。こうした銘柄は常にぶつかり合うことになり、利益を得る可能性が損なわれるからだ。

私たちは無相関か低相関の銘柄を探さなければならない。分散したポートフォリオでは、２つの銘柄がそれぞれ独自に動くことが望ましいからだ。どちらももう一方の値動きを気にしないので、両方とも下げることもあれば、上げることもある。また、一方のポジションが順行し、もう一方が逆行することもある。両者は互いに独立している。これはポートフォリオ全体を安定させるのに役立ち、全天候型トレーダーがトレード結果を滑らかにするのに使えるツールの１つである。

相関を表した図表の例

私が資金運用の仕事を始めたころは、株式ポートフォリオを分散する方法は限られており、別の業種か海外の株を買うぐらいしかできなかった。これは理想的ではなかったが、ポートフォリオにプラスの効果をもたらすことはできた。

エレクトロニクスが主導していて変化が激しい今日の経済では、世界は狭い。ニューヨークで相場が荒れた日には、シドニーでも東京でも香港でもパリでもロンドンでも、相場が荒れる可能性が高い。異なる国に分散する効果はかなり低くなっている。株式市場の相関の長期トレンドを見てみよう。

次の**図表18**はデニス・P・クインとハンス・ヨアヒム・ボートによる世界の株式市場の相関に関する研究のなかで、過去100年余りの世界の株式市場の相関を見事にまとめたものである（Dennis P. Quinn and Hans-Joachim Voth, "A Century of Global Equity Market Correlations," American Economic Review 98, no. 2 (2008): 535-540, https://www.aeaweb.org/articles?id=10.1257/aer.98.2.535）。

世界中に分散しても効果が低いことを明確に示すもう１つの例は、2022年６月に私が作った相関行列の**図表19**で分かる。この**図表19**のX軸とY軸が交差する２つの市場間の相関係数が0.8以上であれば、相関が非常に高いことを示す。0.0に近いような非常に低い相関は相関がないことを示し、分散投資の対象にふさわしい。

狼狽売りが広がる時期には、世界中のほとんどの市場は相関が高くなる。実際、2022年前半の荒れた弱気相場の期間中、ほとんどの市場が同じ動きをしていたことが分かる。この期間中には相関が高かったので、リスクが高いこの時期に逃げ場を見つけるのは難しかっただろう。

個別銘柄でも分散ができないことがよく分かる。私はマクレラン・ファイナンシャル・パブリケーションズ（https://www.mcoscillator.com/learning_center/kb/market_data/source_for_data_on_new_highs_and_new_lows/）に掲載された２つのチャートを保存し、１つにまとめた。それが**図表20**である。株式相場が

図表18　過去1世紀における世界の株式市場の相関

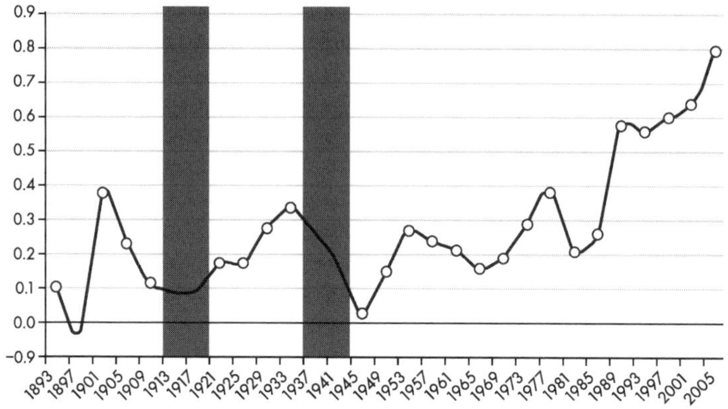

注=アミ部分は2回の世界大戦の影響を受けた株式のリターン

図表19　世界の株式市場の相関

国	ラッセル2000	ナスダック	S&P500	FTSE100	DAX	CAC40	韓国総合	ASX	NZSE	日経平均
ラッセル2000	1	0.96	0.99	0.94	0.77	0.90	0.82	0.83	0.87	0.61
ナスダック	0.96	1	0.97	0.88	0.67	0.83	0.77	0.77	0.87	0.56
S&P500	0.99	0.97	1	0.94	0.75	0.90	0.84	0.85	0.91	0.56
FTSE100（英）	0.94	0.88	0.94	1	0.82	0.92	0.87	0.90	0.86	0.60
DAX（独）	0.77	0.67	0.75	0.82	1	0.93	0.85	0.74	0.61	0.65
CAC40（仏）	0.90	0.83	0.90	0.92	0.93	1	0.91	0.88	0.80	0.62
韓国総合	0.82	0.77	0.84	0.87	0.85	0.91	1	0.91	0.84	0.45
ASX（豪州）	0.83	0.77	0.85	0.90	0.74	0.88	0.91	1	0.92	0.48
NZSE（ニュージーランド）	0.87	0.87	0.91	0.86	0.61	0.80	0.84	0.92	1	0.44
日経平均	0.61	0.56	0.56	0.60	0.65	0.62	0.45	0.48	0.44	1

出所=Recession Bear Market, June of 2022 https://www.macroaxis.com/invest/worldMarketCorrelation

図表20　S&P500とNYSEで新高値・新安値を付けた銘柄数

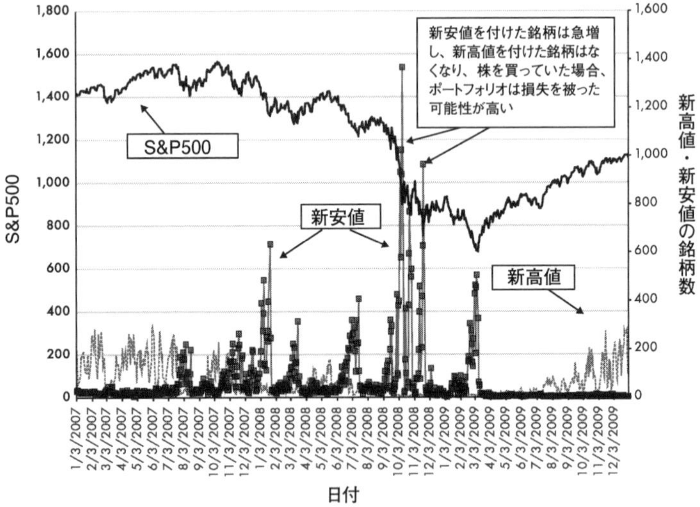

大打撃を受けていた2008年には、NYSE（ニューヨーク証券取引所）で新安値を付ける銘柄が急増し、新高値を付ける銘柄が皆無になったことがよく分かる。簡単に言えば、ほとんどの銘柄が新安値を付けて、株式のポートフォリオを持っている人は逃げ場がなかったということだ。

相関がない市場とは

これまで数ページを費やして、株式だけで構成されたポートフォリオは非常に相関が高くなるということを強調してきた。パニックが相場に反映されやすい危機の時期には、株式だけのポートフォリオは大きな損失を被る可能性が高いと私は考えた。1980年代に株式を買い持ちするだけのポートフォリオを運用していたので、株式相場が周期的に暴落するときに利益を出せるものをポートフォリオに組み込む必要があると考えた。買いも売りもできて、節税効果が高く、流動性があり、簡単にトレードできるものが欲しかった。そして、先物がこれらの特徴をすべて備えていると考えて、それを利用することにした。次のMRCI（ムーア・リサーチ・センター、https://www.mrci.com/special/corr090.php、電話541-525-0521）が提供する行列は、トレーダーが利用できるさまざまな先物とそれらの相関関係を示したものだ。

アミの濃い部分は正の相関か負の相関が非常に高い組み合わせである。正の相関が高い場合、あまり分散できない。負の相関が高い場合、ポートフォリオ内のポジション同士で利益を奪い合う恐れがある。アミの濃い部分は相関が＋80以上か－80以下だ。ムーア・リサーチ・センターが測定した90日間では、これらは良い分散ではなかった。しかし、この表全体を見ると、大半の組み合わせが正の相関も負の相関もそれほど高くなかったことが分かる。多くの市場の組み合わせでは相関係数が－0.5～＋0.5と、相関がないことが分かるだろう。

これは理にかなっているのではないだろうか。材木の価格が豚肉の値動きに影響される理由があるだろうか。円のトレーダーが綿花の価格を気にするだろうか。おそらく、気にしないだろう。だから、相関が低いこれらの市場はそれぞれ独自に動けるので、まったく異なるリターンの流れを提供して、ポートフォリオを安定させることができる。これは自動車エンジンの古い模型を思い出させる。

それぞれのピストンは高い位置（ポジション）にあったり、低い

図表21　MRCIの市場間の相関関係（過去90日、2022年２月14日現在）

	YM	NQ	NK	US	ED	EU	JY	GC	PL	HG	CL	NG	KC	CC	SB	W	S	CT	LC	HE	LB
YM		73	70	23	9	4	-35	22	-4	3	-15	-18	-6	-24	8	10	-11	0	10	-32	**7**
NQ	73		80	73	45	-6	9	0	-30	-32	-70	-18	-10	-56	41	42	-55	-42	-7	-62	**-24**
NK	70	80		50	65	35	11	-25	14	-7	-47	21	-46	-22	64	28	-67	-44	-43	-69	**-50**
US	23	73	50		60	-5	53	-25	-42	-55	-89	-13	-21	-64	50	33	-73	-69	-26	-68	**-41**
ED	9	45	65	60		55	69	-36	8	-31	-65	49	-76	-14	76	3	-94	-77	-81	-85	**-76**
EU	4	-6	35	-5	55		42	-17	51	23	7	72	-79	42	37	-38	-42	-33	-64	-41	**-55**
JY	-35	9	11	53	69	42		-35	-5	-47	-52	37	-50	-2	57	0	-68	-60	-61	-52	**-59**
GC	22	0	-25	-25	-36	-17	-35		50	27	40	-18	26	6	-6	38	33	55	28	35	**18**
PL	-4	-30	14	-42	8	51	-5	50		45	56	62	-39	42	23	7	6	35	-23	17	**-45**
HG	3	-32	-7	-55	-31	23	-47	27	45		56	8	8	36	-30	-23	37	29	16	31	**26**
CL	-15	-70	-47	-89	-65	7	-52	40	56	56		18	19	59	-45	-25	76	81	35	73	**32**
NG	-18	-18	21	-13	49	72	37	-18	62	8	18		-68	39	41	-14	-32	-11	-53	-23	**-74**
KC	-6	-10	-46	-21	-76	-79	-50	26	-39	8	19	-68		-13	-52	26	64	50	79	61	**70**
CC	-24	-56	-22	-64	-14	42	-2	6	42	36	59	39	-13		4	-36	30	25	-5	34	**5**
SB	8	41	64	50	76	37	57	-6	23	-30	-45	41	-52	4		34	-75	-51	-55	-56	**-72**
W	10	42	28	33	3	-38	0	38	7	-23	-25	-14	26	-36	34		-15	10	17	-1	**-29**
S	-11	-55	-67	-73	-94	-42	-68	33	6	37	76	-32	64	30	-75	-15		84	77	90	**69**
CT	0	-42	-44	-69	-77	-33	-60	55	35	29	81	-11	50	25	-51	10	84		63	81	**41**
LC	10	-7	-43	-26	-81	-64	-61	28	-23	16	35	-53	79	-5	-55	17	77	63		72	**63**
HE	-32	-62	-69	-68	-85	-41	-52	35	17	31	73	-23	61	34	-56	-1	90	81	72		**52**
LB	**7**	**-24**	**-50**	**-41**	**-76**	**-55**	**-59**	**18**	**-45**	**26**	**32**	**-74**	**70**	**5**	**-72**	**-29**	**69**	**41**	**63**	**52**	

ティッカーシンボル		
YM＝ダウ平均	GC＝金	SB＝砂糖
NQ＝ナスダック	PL＝プラチナ	W＝小麦
NK＝日経225	HG＝銅	S＝大豆
US＝米30年債	CL＝WTI原油	CT＝綿花
ED＝ユーロドル	NG＝天然ガス	LC＝ライブキャトル
EU＝ユーロドルFX	KC＝コーヒー	HE＝豚肉
JY＝日本円	CC＝ココア	LB＝材木

位置にあったりと、どの瞬間でも異なる位置にあるが、すべてのピストンが仕事をしてシャフトを回転させ、車を前進させている。極端に幅広い分散をした場合、分散したすべてのポジションが利益を出す可能性があるが、その時期がバラバラならば、利益の流れ全体

図表22　自動車エンジンのピストン

はより安定する可能性が高い。

このような相関のない銘柄を使えば、ポートフォリオ内のほかの銘柄に縛られずにそれぞれが独自の動きをするという、魔法のような分散ポートフォリオに近いものが手に入る。私が先物をそれぞれ少ない枚数でトレードをして、やりたいことを実現する方法を見つけだして利益を出せるまでに4年かかった。しかし、この目標を達成したとき、極端に幅広い分散というまったく新しい世界が開けた。これは非常に素晴らしい到達点だった！

これは私がトレンドスタット・キャピタルでCTA（商品投資顧問業者）をしていたころの実例である。マネージドフューチャーズの業界は先物市場でリターンを得る必要があるので、先物市場が活発であれば利益が得られるが、閑散相場になると、CTAは苦しくなりがちだ。これら先物で儲かる時期や儲からない時期と、株式の動く時期とは必ずしも相関があるわけではない。

次はヘッジファンドとCTAの業界について、あらゆる種類の興味深い指数を追跡しているバークレイ・ヘッジ（https://www.

barclayhedge.com/）によるチャートである。私はバークレイCTAインデックスを使ったが、これは同社のウェブサイトで次のように定義されている。

> バークレイCTA指数は実績あるプログラムの総合パフォーマンスを測定する。この指数で実績あるプログラムとは、４年以上のパフォーマンスの履歴が文書に残されているトレードプログラムのことを指す。プログラムがこの４年という条件を満たすと、その後のパフォーマンスがこの指数に含まれる。指数は均等加重され、各年の初めにリバランスされる。バークレイ指数は投資可能な実際のポートフォリオを表していないため、パフォーマンスの結果は本質的に仮想的なものであり、比較のためだけに価値を持つとみなされるべきである。

私はCTA指数をS&P500株価指数と比較した。S&P500で測った株式に50％を投資し、残りを先物ポートフォリオの代用であるCTA指数に投資するポートフォリオを作ったとしよう。チャートを見れば分かるように、CTA指数がパフォーマンスの向上に役立つときと、足を引っ張るときが何回かあった。これは相関がないという意味であり、極端に幅広い分散投資で私たちが求めていることである。

でも、先物は危険ですよね

私はいつもこの質問をされる。保守的なトレーダーとしてよく知られる私だが、先物のトレードは45年も行っている。先物を使って

図表23　CTAとS&P500に50%ずつ投資したポートフォリオのリターン

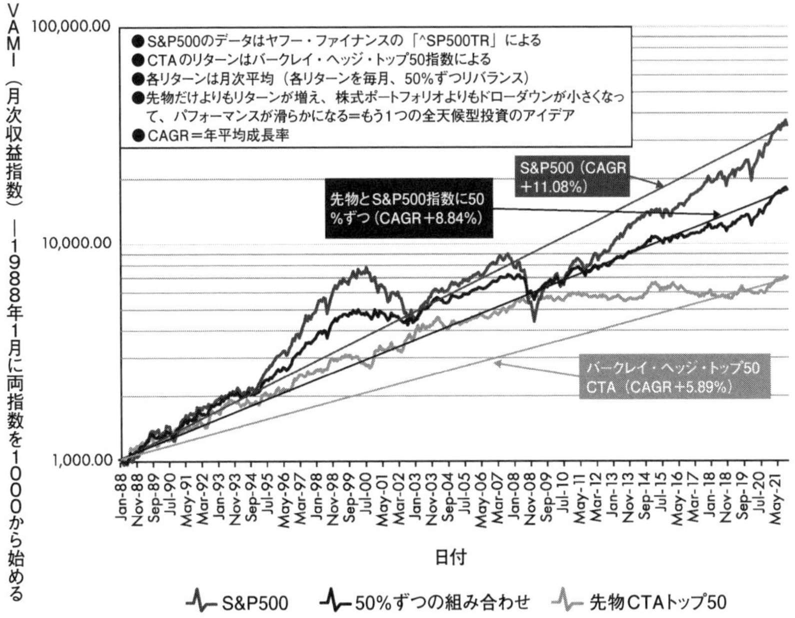

ポートフォリオを分散するカギは、レバレッジの使い方にある。レバレッジを高くするのは危険だが、低くするとつまらない。

例えば、NYMEX（ニューヨーク・マーカンタイル取引所）の原油先物に基づいて、CME（シカゴ・マーカンタイル取引所）で取引されているミニ原油先物（WTI）を考えてみよう。このミニ先物は受渡日に原油500バレルを現受けできる取引である。仮に価格が1バレル90ドルとすると、トレーダーは額面で4万5000ドルの原油を現受けできる。

さて、危険極まりないトレードをしたければ、CMEが要求する当初証拠金である4200ドルを差し入れると、10.7倍のレバレッジで原油を保有することになる。これは実に危険だ。これとは正反対に全額を支払う場合、４万5000ドルを差し入れるとレバレッジが消え、ポートフォリオのポジションは退屈なものになる。ほとんどのトレーダーは両者の中間を取って、多少はレバレッジをかけるが、あまり高くはしないだろう。

次に、不動産を考えてみよう。多くの不動産の購入では、住宅ローンの10～20％を頭金で支払う。住宅ローンを組まずに、現金で全額を支払う場合もある。また、特に2000年代前半には頭金なしで購入する場合もあった。現金で家を買ってそこに住み続けるのであれば、これはポートフォリオ全体のなかでかなり退屈なものになる。頭金で５％しか支払わない場合には、不動産価格が下がると、評価値が住宅ローンの残債額を下回ることもある。価格の下落のせいで、住宅ローンを完済しても家の資産価値は支払った額を下回る。というわけで、リスク管理の大部分はレバレッジの管理になる。

先物の証拠金——株式の証拠金とは異なる

株式の証拠金率はFRB（連邦準備制度理事会）が決めており、この本を執筆している時点では50％だ。証券会社はFRBの証拠金規則を破らないかぎり、独自の証拠金率を設定できる。

証券ポートフォリオでは、証券会社は基本的にポートフォリオの価値の100％を顧客に貸し出しており、顧客の保有資産の現金価値を超えて追加のポジションを売り買いすることができる。証券会社は貸し付けに対して短期金利を請求する。一方、先物とは要するに、将来の決まった日付に差金決済される金額のことであるため、証拠金は別の意味を持つ。基本的には、証券会社と取引所に先物を売買するときに約束したことを実行する資金力があることを保証するための取引証拠金だ。先ほどの原油の例では、取引所は4200ドルであれば保障として十分と判断したのである。

先物の証拠金の水準は劇的に変化することがある。相場の動きが異常になると、取引所は値動きを落ち着かせてレバレッジを下げるために、「信用のためのお金（証拠金）」を引き上げることがある。相場が長期にわたって非常に安定している場合、取引所は証拠金を引き下げて、トレーダーが市場に参加しやすくすることがある。

私がトレンドスタットでCTAだったときは、15～20％ぐらいの証拠金使用率で資金運用を行っていた。つまり、平均的なポジションのレバレッジは５倍ぐらいだった。私の年金口座のポートフォリオでもこの水準を維持していて、15～17％ぐらいだ。ここで言いたいのは、リスクをどれぐらいとるかは自分の好きなように決められるということだ。レバレッジを高くすれば刺激的になる。レバレッジを低くすれば精神的には楽になるが、ポートフォリオに対する影響度は小さくなる。どの程度の全天候型トレーダーになるかはあなた次第である。どの水準に合わせるかは自分で決めるしかない。

この本を読んでいる多くの個人トレーダーは、先ほどの例のように、自分のポートフォリオで４万5000ドル相当の原油を買うのは落ち着かないと言うだろう。しかし、計算してみると、１バレル90ドルの原油が１ドル動くのは、１日に1.1％動く株を持っているようなものである。毎日それぐらいの値動きをするハイテク株なら、いくらでもある。多くの先物市場では、マイクロ先物が導入されていて、私も多用している。CMEでは、エネルギー、暗号資産、貴金属、株価指数、その他の商品セクターのマイクロ先物が上場しており、取引が行われている（https://www.cmegroup.com/markets/microsuite.html）。

期間による分散

私自身のポートフォリオでは、先物のポジションを中期で運用したい。私は引退しているので、１日中コンピューターの前に座って、揺れ動く価格を眺めていたくはない。１日に１回、決断を下して注文を出すが、画面を見る必要があるのはそのときだけである。それ以外の時間は、もっと生産的で楽しいことをしていたい。

もっと動きたい人もいると思うが、それは期間による分散で可能である。例えば、お気に入りの売買エンジンか指標があって、それが21日取引日または約１カ月で機能しているとする。その場合、９取引日などの短期で機能する指標を追加することもできる。指標の期間を短くするほど、戦略で実行するトレード回数が増える。また、指標の日数を短くするほど、通常は損切りまでの１枚当たりのリスクは減る。こうすれば、ポートフォリオの管理にもっと手間がかかるかもしれない。しかし、そうするだけの価値はある。トレードの結果を滑らかにし、全天候型ポートフォリオのリスクを減らすのに間違いなく役立つからだ。

株式ポートフォリオと先物を同時運用する

私がフルタイムのプロの資金運用の仕事から引退しつつあった1990年代から2000年代にかけて、株式ポートフォリオとマネージドフューチャーズ戦略を同時に運用するというコンセプトが広がった。考えてみると、10万ドルの株式口座では、ポートフォリオで20万ドルの株を買うことができる。これはレバレッジを使えるということであり、抱えている問題のリスクが高くなって、ポートフォリオの分散にはほとんど効果がない。これは通常、ポートフォリオのリターンをつり上げようとするための手段でしかない。

資金の20％である２万ドルをマイクロ先物の少額分散ポートフォリオに使い、指標の期間を変えた別の戦略で運用するのはどうだろう。こうすれば、10万ドルの資金で先物のトレードをすることになるが、証券会社と取引所が満足する「信用」証拠金として口座資金の15～20％しか使わない。８万ドルはまだ残したままだ。私たちは今、10万ドルの株式ポートフォリオを持つと同時に、同じ口座資金を利用して、互いに相関がない分散した市場で資金を２倍に働かせている。私たちは先物ポートフォリオとそのポジションを株式ポートフォリオと「同時に運用」しているのだ。

私はもう20年以上、自分のトレードでこの手法を使っている。これによって、ポートフォリオを分散して、安定させ、先物相場が大きく動いたときにワクワクするほどのリターンを得られて、資金をより効率的に使うことができている。これを戦略による分散と考えてほしい。私は同じ資産で、より分散した２つの戦略を実行しているのである。

バークレイ・ヘッジ・トップ50CTA指数で測った先物と、過去34年間の株価を代表するS&P500を組み合わせた仮想トレードを調べてみよう。ただし、今回は株式ポートフォリオと先物を同時運用することで、資金に少しレバレッジをかける。この場合、証拠金が使えると仮定し、資金の100％相当の株式を買い持ちし、資産の100％相当の先物ポジションの証拠金として20～25％の資産を使う。この簡単な調査ではリバランスを行ったことにし、証拠金の金利は無視する。**図表24**の概要は次のとおりである。

資金を２倍に働かせたことが有益だったことは分かると思うが、

図表24　株式ポートフォリオと先物を同時運用した例

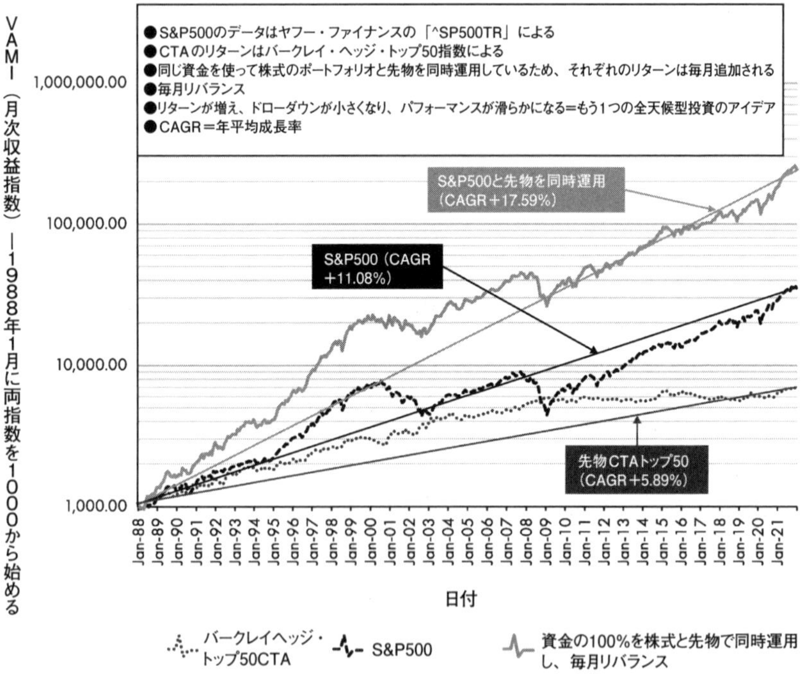

より重要な点は、先物も同時運用したほうがS&P500よりもリターンが安定していたことだ。リターンが増えてより安定することはまさにこの全天候型トレーダーの目指すところである。

第8章
横ばい相場——相場に動きがないときにどうするか

SIDEWAYS MARKETS? WHAT IF THE MARKETS GO NOWHERE?

ここまでの章では、さまざまな市場や時間枠や戦略を使ったトレードのアイデアについて説明してきた。それらはすべて、上昇相場か下降相場ではパフォーマンスが出やすい。全天候型トレーダーにとって難しいのは、横ばい相場のときにどうするかである。利益を出すためには、数学的には安く買って高く売るか、高く売って安く買い戻すしかないのならば、横ばい相場では苦戦を強いられる。トレーダーがそれなりのリターンを上げるためには、相場が動く必要があるからだ。

この章では、横ばい相場がしばらく続くときに、私が使ってきたアイデアをいくつか紹介したい。

横ばい期間にはドローダウンが生じることがある

典型的な先物トレードやETF（上場投資信託）でタイミングを計る戦略のパフォーマンスを示した**図表25**を見ると、ドローダウンが生じる期間のほとんどは、買っても売ってもほとんどが小さな損失で終わるような値動きの繰り返しによって引き起こされることが分かる。こうした時期のトレードで十分な利益が得られることはけっしてない。

トレンドフォローでは上昇トレンドで買い、下降トレンドで売る。横ばい相場でこの手法を取ると、買っても売ってもちゃぶついて、小さな損を繰り返し出しやすい。こうしたことをたくさんの市場で何回も繰り返すと、ちょっとしたドローダウンでも精神的に引きずるようになる。

私はS&P500を使い、10日移動平均線と40日移動平均線の交差でタイミングを計るという、単純なタイミング戦略を指数の下にプロ

図表25　株式ポートフォリオと先物を同時運用した例

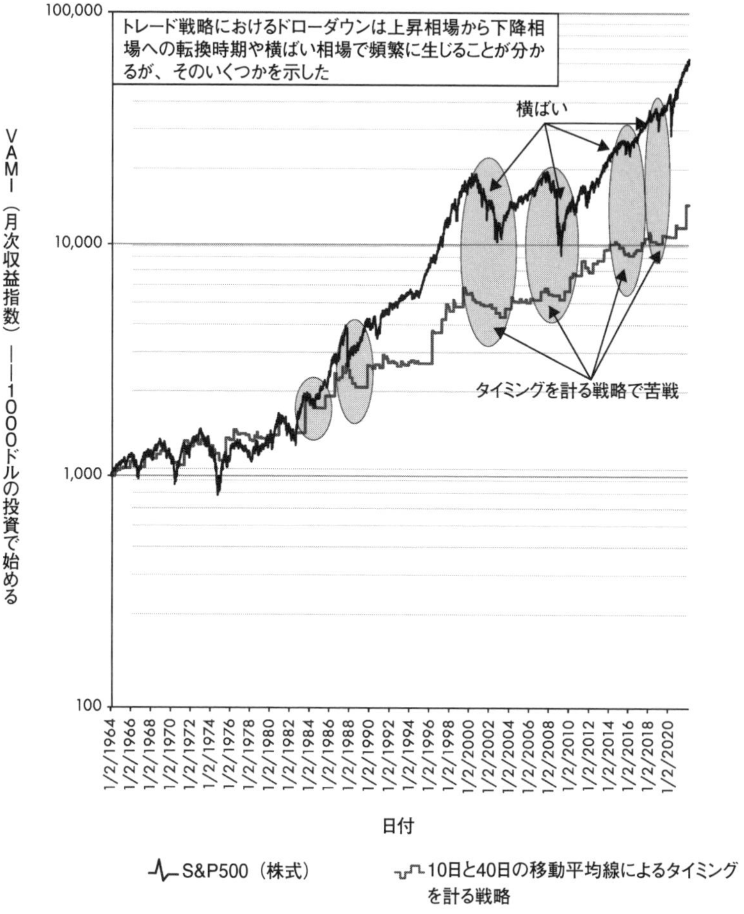

ットした。丸で囲んだところで分かるように、指数が方向転換を繰り返すか基本的に横ばいの値動きのときに、この戦略は苦戦を強いられる。

相場のノイズ

前の第７章では、過去58年間のうちの約60％の期間で、株式相場が横ばいだったことを示した。これは株式市場で過ごした期間の半分以上で、この期間には大きな利益が得られないということを意味する。こうした時期には、タイミングを計る戦略のパフォーマンスは悪くなりやすい。繰り返しになるが、値動きが小さかったりちゃぶついていれば、安く買って高く売っても大きな利益を得るのは難しい。

しかし、相場が上昇して新高値に近づき、買われ過ぎになると勢いを失って再び横ばいのノイズになる時期というのは必ず存在する。逆に、ノイズのなかにいるときに、恐ろしく弱気相場になり、もう一段下げるに違いないと思い始めた途端、相場が底固めから再びノイズのなかまで上げる時期もある。

買われ過ぎから売られ過ぎへの小さな動きはさまざまな指標で測ることができる。オシレーターはこの目的に最適なツールである。過去Ｘ期間と比較して価格が現在どの位置にあるかを評価し、０から100の間で数値化する。100ならば極端な買われ過ぎで下落する可能性があると警告をしている。反対に０の場合は極端な売られ過ぎで、上昇する可能性があると警告をしている。短期の時間枠を使ったお気に入りの売買エンジンを追加すれば、横ばい相場でまずまずの利益を得られる戦略が手に入る。

図表26では、日本円先物の６カ月つなぎ足チャートを用いている。買われ過ぎ・売られ過ぎの指標には、よく使われるオシレーターであるストキャスティックスRSIを用いた。期間は21日（取引日で約１カ月）を用いた。警告された方向への前日の極端な値動きをさら

図表26　オシレーターで見る買われ過ぎ・売られ過ぎ

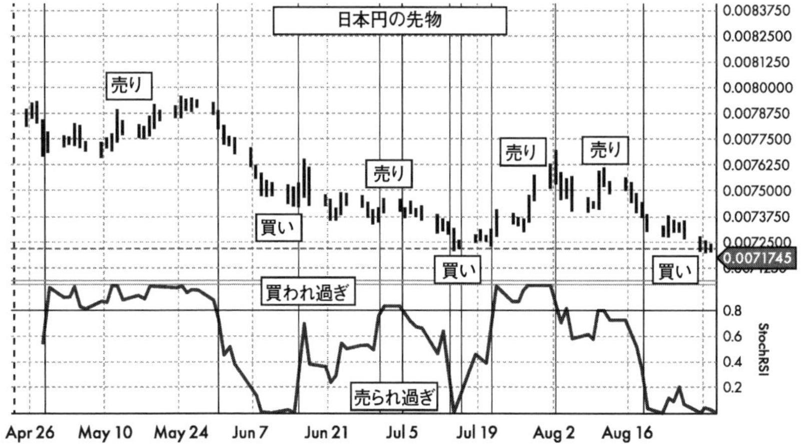

に超えるといった簡単な売買シグナルで仕掛け、非常に短期のトレンドフォローのモデルを使って手仕舞えば、短期の反転でトレードができて、横ばい期間でも少ないけれども利益を得ることができるはずだ。

運が良ければときどき、次の大きなトレンドになる長期の動きに乗ることができる。その動きには早めに乗れるだろう。こういう戦略の信頼性は50％を少し上回り、平均利益は平均損失とほぼ同じになる。私はこの種の戦略を単独で実行したいとは思わない。上昇か下落が続くときには、負けトレードが次々と生じ、忍耐力が試されるからだ。しかし、私はそういう期間には通常、トレンドフォローモデルで損失を補って余りある利益を得ている。そのため、トレンドフォローモデルが苦戦すると分かっている時期には、大きな動きをちょっとあきらめて、ポートフォリオを安定させることができる戦略を用いる。これはエクイティーカーブ（純資産曲線）を滑らかにして、相場のあらゆる天候に対応できるようにするためだ。

オプションスプレッド

投資家がオプションの話を始めると、私はすぐに警戒する。オプションに関するデータは大ざっぱで、投資戦略も自動化しにくいことが分かったので、トレード人生の大半でオプションには近づかなかった。ギリシャ文字にも興味がないし、デルタやガンマの知識もあまりない。

しかし、株式相場が横ばいのときにいくらか利益を得られるオプションの簡単な使い方を数年前に見つけた。第７章では、上昇相場、下降相場、横ばい相場の期間に関する調査を示した。私のトレンドフォロー戦略は横ばい相場では大きな利益を出しにくいが、この期間は全期間の60％を占めると分かっている。そのため、この期間に利益を出せてリスクが限定されている単純な手法を見つけられたら、ポートフォリオ全体が安定するだろうと思った。

そして、まさにそうなった。私のしていることはこうだ。相場が買われ過ぎ・売られ過ぎを測るオシレーターを使う。私はストキャスティックスRSIを使っているが、ほとんどのオシレーターは似た働きをするので、自分の好きなものを選べばよい。そして、相場が買われ過ぎのときに、６～８日で満期を迎える株価指数のコールオプションのクレジットスプレッドを売る。これは「クレジット（＝受け取りの状態)」スプレッドなので、ポジションを取った時点でプレミアムを受け取れる。その後に満期までのＸ日間、相場が横ばいで推移した場合、受け取っていたプレミアムはすべて自分のもの

図表27　強気と弱気のクレジットスプレッドのまとめ

オプション戦略	トレードのセットアップ	権利行使価格での注文	戦略のリスクとリターン	利益が出る条件
ブル・プット・スプレッド	プット売り／プット買い	高いものを売る／安いものを買う	損失限定／利益限定	中立、強気、やや弱気
ベア・コール・スプレッド	コール売り／コール買い	安いものを売る／高いものを買う	損失限定／利益限定	中立、弱気、やや強気

出所=インベストペディア

図表28　クレジットスプレッドのさまざまな結果

SPYの価格	425のプット売りの損益	420のプット買いの損益	売買当初の損益	満期日の損益	最終損益
426	0	0	+2.78	-0.00	+2.78
425	0	0	+2.78	-0.00	+2.78
424	-1	0	+2.78	-1.00	+1.78
423	-2	0	+2.78	-2.00	+0.78
422	-3	0	+2.78	-3.00	-0.22
421	-4	0	+2.78	-4.00	-1.22
420	-5	0	+2.78	-5.00	-2.22
419	-6	+1	+2.78	-5.00	-2.22

になる。株価指数が４～５ポイント自分の不利な方向に動けば、私はあらかじめ決められた金額を失う。思惑どおりに動けば、クレジットはさらに素早く無価値になり、私は少額の利益を得て手仕舞うことになる。そして、オシレーターで買われ過ぎ・売られ過ぎのシグナルが点灯すれば、またクレジットスプレッドのトレードをする。

売られ過ぎの状態で上にクレジットスプレッドを仕掛けたと仮定して、さまざまな価格で何が起きるかを**図表28**で示した。株価指数がたまたま425なので、425のプットを売り、420のプットを買う。この戦略では利益も損失も限定されることに注目してほしい。トレンドフォローの場合、勝率は40％を下回るが、平均損失に対する平均利益の比率はプラスに片寄る。それとは異なり、この戦略では勝率が50％を上回って、平均損失に対する平均利益の比率が１対１になることを目指す。

私にとっては週に１～２回、せいぜい数分かかるだけの簡単な戦略である。この戦略の損益比率の信頼性はかなり高い。ほかの戦略が苦戦すると分かっているときにはたいてい、利益が出る。だから全天候型ポートフォリオに最適な戦略なのだ。

平均回帰

これは多くのトレーダーが横ばい相場で使っている戦略だ。手間がかかるので、私は真の平均回帰は使っていないが、自動化できれば追加するかもしれない。この種の戦略の本質は、相場がレンジ相場の状態にあるということであり、特に横ばい相場でそう言える。そのため、トレーダーはレンジの安値で買い、高値で売ることができる。現在では私は使っていないが、この戦略は典型的なトレンドフォロー戦略で生じるドローダウンを最小限に抑えるのに役立つ。

次は友人であり、トレード・マスタリー・スクールを主宰するローレンス・ベンスドープによる、平均回帰戦略をどう構築するかの簡単な例だ。彼はベストセラーの**『強気でも弱気でも横ばいでも機能する高リターン・低ドローダウン戦略――買いと売り、長期と短**

期の無相関のシステムを組み合わせる』（パンローリング）で、この戦略を詳しく説明している。

目的

上昇トレンドの株式を買うために、大幅に下落したらその銘柄を買い、平均か通常の株価に戻るまで見守る。

信念

これまで堅調だった銘柄がいったん調整し、再び上昇トレンドを続けると信じている。

トレード候補の銘柄

NYSE、AMEX、NASDAQで取引されている全銘柄。これは期待値の低い戦略であることを理解しておくことが重要である。そのため、このプロセスを実行するのに十分な頻度でトレードするためには、多数のトレード候補が必要になる。

フィルター

●直近50日の１日の平均出来高が50万株以上あり、十分な流動性があること。

●もう１つの流動性の指標である直近50日の平均売買高が250万ドル以上であること。

●ATR（アベレージ・トゥルー・レンジ、真の値幅の平均）が株価の終値よりも４％以上動く。利益を得られる場合には、すぐに平均回帰して利食いできるように、動きの速い銘柄のほうがよい。

セットアップ

- 終値が100日単純移動平均線および、過去10日のATRを１倍上回る。これは株価が強い上昇トレンドにあるかどうかを測る。
- ７日のADX（平均方向性指数、動きの強さを測る）。多くのブローカーのプラットフォーム（または、https://www.investopedia.com/）の計算の定義では、55より大きければ動きが平均よりも強いことを示す。

ランキング

７日のADXの値が大きいものから順に並べて、値が最も大きい銘柄に集中する。

仕掛け

前日の終値よりも３％下で買う。トレーダーはこの優良株をさらに安値で「盗み」、レンジの安値に達して、すぐに平均まで反転上昇することを望む。

損切り

仕掛け値から過去10日のATRの３倍下に置く。ボラティリティの高い銘柄なので、平均回帰が始まるまでの余地を与えておく必要がある。

手仕舞い

- 価格では、過去10日のATRの１倍
- 期間では、６日後に損切りに引っかからず、利食いの目標価格にも達していない場合、翌日の寄り付きに成り行きで手仕舞う。

この時点で、このトレードがうまくいっていないことが明らかだからだ。

さて、私はベンスドープの著書で説明されている戦略を一例としてそのままコピーした。平均回帰戦略を作る方法は何千通りもあるが、これを示したのは健全な戦略の基本がすべて含まれているからだ。

カウンタートレンドトレード

私自身としては、「純粋な」平均回帰トレードをするのは難しい。個人的には、レンジの安値か高値に指値注文を入れて、株価がまだ動いていない任意のポイントに損切りの逆指値を置き、基本的に相場が転換して平均に戻ることに賭けるのはどうにも落ち着かない。平均回帰はすることもあるが、しないこともある。特に、非常に強い上昇相場や下降相場では、そうならないことがある。私は相場の動きを予測したくはない。平均回帰には予測の要素が少し含まれている。

カウンタートレンドトレードは平均回帰によく似ている。両者は同じ特徴を多く持っている。

1. 長期トレンドに逆行する非常に短期の反転から利益を得ようとする。
2. ポジションを取って、リスクを限定するための特定の買い・売りのポイントがある。
3. トレードのセットアップに買われ過ぎ・売られ過ぎの状況を利

用する。

4．長期トレンドが強くて継続している場合は、あまりうまくいかない。

私の考えるカウンタートレンドトレードについて見ていこう。私は買われ過ぎ・売られ過ぎの状況を見て、逆方向のトレードを考える。相場が大きく下げたあと、使っているオシレーターが売られ過ぎを示していれば、私は買おうとする。そして、極めて短期の売買エンジンを使って、上昇トレンドに沿ったトレードを仕掛ける。ポジションに逆行する指標を使って損切りを置く。

期間は私の長期トレンドフォローでタイミングを計るモデルとは異なる。セクター別ETFでタイミングを計るときなど、非常に長期のトレンドを捉える場合、買いの手仕舞いには50日、売りの手仕舞いには21日を使う。カウンタートレンドトレードでは、先物か株式かによって、1日から3日の間から選ぶ。読者は好きな日数を選べばよい。重要なことは、ポートフォリオに組み込んでいる長期トレンドフォローのモデルよりもはるかに短い期間にすることである。横ばい相場で利益を得たいのだから、トレードは短期、損益レシオは低く、トレード回数は多くなるだろう。

カウンタートレンドでの損益レシオは典型的な長期トレンドフォローよりも低いため、勝率は高いことを期待するだろう。この種の戦略では、勝率を50％以上にして、少ない利益での利食いを目指すべきである。私が学んだコツは、通常のポジションを取ったあと、リスク額と同じ額の含み益が得られたら、ポジションの半分を手仕舞うことだ。こうすれば、トレードはすぐにリスクが減り、残りのポジションは短期ではあっても、典型的なトレンドフォローと同じように利を伸ばすことができる。

図表29の統計データを見ると、いくつかのことが分かる。まず、長期戦略でも短期戦略でも、まったく同じポートフォリオが使われていることを思い出そう。また、ドンチャン、ケルトナー、ボリンジャーの３つの指標の組み合わせも同じだ。通常、実際のトレードでは、指標を少し混ぜて指標別に分散することもあるが、今回は単純な概念を示すためにそういうことはしていない。短期シミュレーションでのトレード回数は１万9750回と途方もない。これらを追跡するのは大変な作業であり、おそらく多くのトレーダーにとって簡単ではないだろう。だが、このような異なる短期戦略を組み合わせることで、長期戦略を分散させることができることを示したかったのである。

通常、各戦略にそれぞれ純資産を割り当てて別々に運用するよりも、複数の戦略を組み合わせて同時に運用するほうが大きな利益が出せる。基本的には、ある戦略が苦戦しているときには、その戦略に純資産が多く割り当てられる。そして、ポートフォリオ内のもう一方の戦略が苦戦しているときには割り当てが減る。これによって、各戦略から得られる利益が平準化されて、ポートフォリオ全体での利益は増える。

長期戦略では、非常に高いリターンを上げる期間はあまりなかったし、トレード回数もかなり少なかった。これら２つのモデルの勝率は典型的なトレンドフォローのモデルで予想されるように、50%を下回っていた。この２つの戦略を組み合わせることで、いくつかのリターン・リスク・レシオが向上し、ドローダウンが全体として減少し、リターンはわずかながら増えた。トレード回数が減ったのは、両戦略が何回も同じ市場で逆方向に動いたせいで、ポジション

図表29　先物市場で流動性の高い26銘柄による超短期タイミング戦略と長期タイミング戦略の組み合わせ

●期間　2010年1月1日～2022年6月1日（12.41年）
●短期戦略の詳細
・1000万ドル、最初は各トレードで純資産の0.1%のリスクをとり、既存ポジションでは純資産の0.2%
・3つの指標でタイミングを計る、3日
●長期戦略の詳細
・1000万ドル、最初は各トレードで純資産の0.5%のリスクをとり、ボラティリティは純資産の0.2%、既存トレードでは純資産の1.0%のリスクと0.5%のボラティリティ、ポートフォリオの最大リスクは15%、最大ボラティリティは7%
・3つの指標でタイミングを計る、21日
●両戦略の組み合わせ
・両戦略で純資産の100%を目標、継続的にリバランスを行う

統計	短期の結果	長期の結果	組み合わせた結果
CAGR	15.121	3.467	18.954
シャープレシオ	1.563	0.343	1.187
ソルティノレシオ	2.360	0.556	2.000
リターン÷平均ドローダウン	8.730	0.700	4.835
リターン÷最大ドローダウン（MARレシオ）	1.102	0.083	0.520
最大ドローダウン（%）	-13.720	-41.770	-36.462
総トレード数（12.41年）	19,750	3,188	9,148
勝ちトレード数	7,046	1,114	6,212
負けトレード数	12,474	2,055	5,806
勝率	36.096	35.153	35.618
プロフィットファクター	$1.12	$1.07	$1.10
総損益	$48,069,000	$5,028,000	$76,069,000
2つの戦略を別々のプログラムとして動かした場合の損益			$53,097,000
両戦略を同時にリバランスして得られる付加的な損益			$22,972,000

が無効になった可能性がある。シミュレーションで使ったプラットフォームはトレードがなされなかったと正しく仮定した。

さらに多くの戦略を組み合わせて運用すれば、統計数字を良くし続けることができる。そのため、私は現在、ETF、先物、オプションで40～70のポジションを取り、４つの異なる期間と複数の指標を使って９つの戦略を実行している。戦略を追加していくたびに作業は増えるが、１つ１つのトレードや戦略に感情的になることなく、すべての戦略を実行することに集中し続けられる。リターン・リスク・レシオが良くなり、ドローダウンが低くなる可能性が高くなり、一貫性が増して、冷静でいられる。

第9章
「穴」を埋める

FILLING THE "POTHOLES"

前の第８章で紹介した私の友人で、経験豊富なトレーダーのローレンス・ベンスドープは、戦略を追加することをエクイティーカーブ（純資産曲線）の「穴埋め」に例えている。この例えは実現しようとしていることがイメージしやすいので、私は気に入っている。既存の戦略が苦戦しているときに、利益を出せそうな非相関の戦略や異なる市場の戦略や異なるトレード期間の戦略を追加すれば、戦略の穴を埋めるのに役立つ。次はこの概念をイメージするために作った「穴埋め」のチャート例である。

アミの部分はトレーダーが最も不安になって、せっかく立てたトレードプランを放棄しやすい期間である。「穴」を埋めるときの目標は、こうした期間や相場で利益を出しやすい戦略を作ることだ。

「穴を埋める」簡単な例

例えば、市場全般に連動するETF（上場投資信託）を買うだけという単純な長期トレンドフォロー戦略で運用を始めたとする。当然だが、シミュレーションを実行すれば、この戦略は株式市場全般が上昇トレンドのときに大きな利益を生み、下降トレンドのときには長い間資金が現金のままになり、上昇トレンドから下降トレンドに転換する局面や横ばい期間には大きなドローダウンを被ると考えられる。

これに、株価指数先物の短期トレンドフォロー戦略を追加したらどうだろうか。それが売りポジションのときにはポートフォリオ全体がヘッジされ、損失を減らせる。横ばい局面では、この戦略で短期的な利益を得ることで、非常に長期の戦略で生じるちゃぶつきによるドローダウンの一部を穴埋めできるかもしれない。大切なのは、

図表30――「穴」を埋める

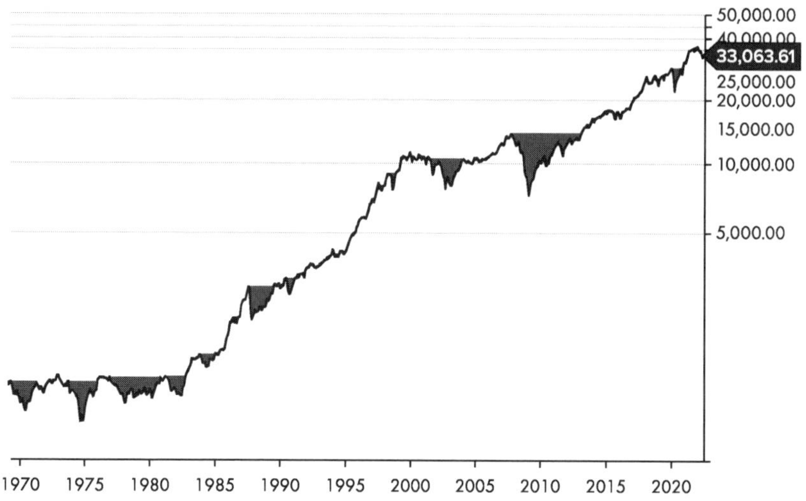

ある戦略がいつ、どこで、どのように苦戦し、なぜ別の戦略がその不振の一部を穴埋めできるかを理解することである。

ハイテク株だけに集中していたらどうなるだろうか。ハイテク関連企業を多く含むナスダックが下落すると、ポートフォリオで損失が出ると予想される。それなら、株式関連のポジションを一切含まない先物で分散したポートフォリオを追加するのはどうだろうか。極端に幅広い分散をすれば、ポートフォリオの新しい部分で利益が出る可能性があり、ハイテク株のポートフォリオの不振をある程度穴埋めできるだろう。

別の例を挙げよう。毎日、1つの戦略を実行しているとしよう。あなたが株式相場の両方向、つまり、上昇と下落でオプションを売るのが得意だとする。ここでのリスクは何だろうか。コールを売ってプレミアムを受け取ったが、株式相場が上昇に転じた場合、大きな損失を被る可能性がある。そうした場合、全天候型の思考をするにはどうしたらよいだろうか。おそらく、より長期的な戦略で似たポジションを取ることを考えるだろう。そうすれば、強気相場か弱気相場が続くときにトレンドフォローで大きな利益を上げ、オプションの売りで被る損失を穴埋めできる。プレミアムを受け取る戦略は横ばい局面では非常にうまくいくはずなので、この２つの戦略は相乗効果を発揮し、結果は全体として安定し、全天候型の効果を生み出すのに役立つだろう。

私のポートフォリオの例

長年にわたって作ってきた戦略をいくつか取り上げて以下に示す。それぞれの詳細については省略する。各戦略に付けた名前を見れば、その手法で何をトレードしていて、ポートフォリオ全体に対して何に焦点を当てようとしているのか大体分かるだろう。当初資金はそれぞれの戦略で1000万ドルにして、資金不足のせいで戦略やポジションの一部が実行できなくならないようにする。こうすることで、シミュレーションが資金の大きさに左右されにくくなり、各戦略の可能性が分かりやすくなる。この例での戦略のリストは次のとおりだ。

●セクター別ETFタイミング戦略——30セクターのETF、長期トレンドフォロー
●ES（S&P500ミニ先物）によるヘッジ戦略——セクター別ETFタイミングによる買いポジションに対する売りのみでのヘッジ
●先物での分散タイミング戦略——26市場、長期トレンドフォロー
●NQ（Ｅミニナスダック100先物）によるタイミング戦略——短

期トレンドフォローモデルを使ったロング・ショートポジション
- ●先物によるカウンタートレンド戦略――超短期トレンドフォローによるロング・ショートポジション
- ●暗号資産先物タイミング戦略――短期トレンドフォローを使ったBTC（ビットコイン）/ETH（イーサリアム）でのロング・ショートポジション

図表31を見れば、ここで多くのことが起きていることが分かる。そのため、自動化やパズルのピースをさまざまに組み合わせる作業が必要になる。しかし、次の数ページの表にある全天候型の戦略を自分のトレードに組み込むことができれば、報われるだろう。まず、セクター別ETFタイミング戦略をポートフォリオのベースにし、ESによるヘッジをこれに追加して、パフォーマンスにどう影響するかを見てみよう。戦略を組み合わせるときは、資金不足にならないように各戦略への資金配分を減らす必要がある、ということを覚えておこう。

セクター別ETFタイミング戦略での買いを守るために、利益、リターン、それにすべてのリターン・リスク・レシオの低下という小さな代償を払ったようだ。また、トレード数が少し増えている。注意してほしいのだが、これら2つの組み合わせでは、セクター別ETFタイミング戦略に資金の50%だけを、ESヘッジ戦略には25%だけしか割り当てなかったため、レバレッジが低くなって利益が多少減っている。次に、極端に幅広い分散を行い、流動性の高い26の先物市場でロング・ショートポジションを取る長期トレンドフォローのポートフォリオを追加しよう。追加する戦略に資金を配分できるように、各戦略への配分比率を調整する必要がある。結果は**図表**

図表31――セクター別ETFとESによるヘッジの組み合わせ

戦略配分名	A	B	C
シミュレーション名	セクター別ETF タイミング100%	ES先物による ヘッジ100%	戦略の組み合わせ（%）50/25
CAGR	+18.126	-0.627	+9.610
シャープレシオ	0.872	0.606	0.849
ソルティノレシオ	1.150	0.884	1.116
MARレシオ（リターン÷最大ドローダウン）	0.467	0.066	0.451
平均ドローダウン（%）	-4.527	-2.765	-2.411
最大ドローダウン（%）	-38.830	-9.573	-21.311
ドローダウンの最大日数	885日	4,376日	884日
12.4年の総トレード数	1,048	28	1,076
12.4年の勝ちトレード数	500	9	513
12.4年の負けトレード数	548	19	563
勝率	47.710	32.143	47.677
12.4年の1000万ドルに対する損益	$66,535,517	$731,263	$20,689,108
1トレード当たりのプロフィットファクター	$1.56	$0.42	$1.66

図表32 先物での分散タイミングを追加

戦略配分名	C	D	E
シミュレーション名	戦略の組み合わせ（%）50/25	先物での分散タイミング100%	戦略の組み合わせ（%）50/25/50
CAGR	+9.610	+11.337	+15.551
シャープレシオ	0.849	0.861	1.162
ソルティノレシオ	1.116	1.430	1.656
MARレシオ（リターン÷最大ドローダウン）	0.451	0.588	0.804
平均ドローダウン（%）	-2.411%	-4.343%	-3.074%
最大ドローダウン（%）	-21.311%	-19.274%	-19.348%
ドローダウンの最大日数	884日	884日	413日
12.4年の総トレード数	1,076	7,202	8,278
12.4年の勝ちトレード数	513	2,596	3,114
12.4年の負けトレード数	563	4,504	5,062
勝率	47.677	36.563	38.087
12.4年の1000万ドルに対する損益	$20,689,108	$26,956,176	$49,338,262
1トレード当たりのプロフィットファクター	$1.66	$1.11	$1.23

32のとおりである。

この組み合わせによって、リターン・リスク・レシオのいくつかは良くなり、ドローダウンは低下し、リターンが向上して、利益が増えたことに注目してほしい。市場と戦略を追加しているため、トレード数は予想どおり増え続けている。

さらに、NQによる短期タイミング（9日）戦略を追加してみよう。このプログラムは、上昇相場でのリターンを少し増やして、下落局面で早めのヘッジをするのに多少役立つ。この戦略は株式相場の短期的な動きから利益を拾おうとする。結果は**図表33**のとおりだ。

短期タイミング戦略を追加しても、このシミュレーションの期間中にほとんどの指標は良くならなかった。それでも、戦略をさらに追加することで、ポートフォリオ全体としてはさまざまな相場にも対応できるようになった。そのため、より多くのいろんな相場で生き残って成功できると予想される。私の判断では、将来の「穴」を埋めるために、この戦略を追加しておくべきだと思う。

次に、**図表32**のシミュレーションDで使ったのと同じポートフォリオで、3日という超短期の先物を追加してみよう。結果は**図表34**のとおりだ。

超短期の先物を追加すると、かなり役に立った。この戦略単独の統計数字はまずまずで、これまで見てきた4つの戦略に加えた分散は非常にうまくいった。リターンもリターン・リスク・レシオも向上し、ドローダウンは低下し、最大ドローダウンの続いた時間も短くなるなど、あらゆる数字が改善された。

それでは、最後の戦略を追加しよう。暗号資産が登場したとき、私はそれらを直接トレードするのをためらっていた。だが、CME（シ

図表33 NQ先物短期タイミングを追加

戦略配分名	E	F	G
シミュレーション名	戦略の組み合わせ（%）50/25/50	NQによる短期タイミング100%	戦略の組み合わせ（%）50/25/50/25
CAGR	+15.551	+0.186	+15.693
シャープレシオ	1.162	0.023	1.162
ソルティノレシオ	1.656	0.031	1.652
MARレシオ（リターン÷最大ドローダウン）	0.804	0.008	0.799
平均ドローダウン（%）	-3.074	-1.784	-3.132
最大ドローダウン（%）	-19.348	-23.852	-19.642
ドローダウンの最大日数	413日	3,689日	507日
12.4年の総トレード数	8,278	262	8,512
12.4年の勝ちトレード数	3,114	91	3,196
12.4年の負けトレード数	5,062	171	5,214
勝率	38.087	34.733	38.002
12.4年の1000万ドルに対する損益	$49,338,262	$232,685	$50,247,881
1トレード当たりのプロフィットファクター	$1.23	$1.03	$1.23

図表34　短期先物タイミングを追加

戦略配分名	G	H	I
シミュレーション名	戦略の組み合わせ（%）50/25/50/25	3日での短期先物100%	戦略の組み合わせ（%）50/25/50/25/50
CAGR	+15.693	+15.121	+24.858
シャープレシオ	1.162	1.563	1.591
ソルティノレシオ	1.652	2.360	2.408
MARレシオ（リターン÷最大ドローダウン）	0.799	1.102	1.134
平均ドローダウン（%）	-3.132	-1.732	-3.127
最大ドローダウン（%）	-19.642	-13.723	-21.923
ドローダウンの最大日数	507日	681日	490日
12.4年の総トレード数	8,512	19,750	11,702
12.4年の勝ちトレード数	3,196	7,046	4,351
12.4年の負けトレード数	5,214	12,474	7,218
勝率	38.002	36.096	37.609
12.4年の1000万ドルに対する損益	$50,247,881	$48,069,112	$145,766,893
1トレード当たりのプロフィットファクター	$1.23	$1.12	$1.17

図表35 暗号資産先物のタイミングを追加

戦略配分名	I	J	K
シミュレーション名	戦略の組み合わせ（%） 50/25/50/25/50	暗号資産による短期タイミング 100%	6戦略の組み合わせ（%） 50/25/50/25/50/50
CAGR	+24.858	+0.712	+25.751
シャープレシオ	1.591	1.493	1.637
ソルティノレシオ	2.408	2.328	2.482
MARレシオ（リターン÷最大ドローダウン）	1.134	0.256	1.175
平均ドローダウン（%）	-3.127	-0.720	-3.086
最大ドローダウン（%）	-21.923	-2.785	-21.923
ドローダウンの最大日数	490日	88日	490日
12.4年の総トレード数	11,702	14	11,717
12.4年の勝ちトレード数	4,351	8	4,357
12.4年の負けトレード数	7,218	6	7,226
勝率	37.609	57.143	37.615
12.4年の1000万ドルに対する損益	$145,766,893	$915,981	$160,172,252
1トレード当たりのプロフィットファクター	$1.17	$3.13	$1.18

カゴ・マーカンタイル取引所）が暗号資産の先物を作った。私は先物のトレードには慣れているので、これをポートフォリオに追加するのは簡単だった。暗号資産の先物には、NQによる短期タイミングと同じ9日でのトレンドフォローを使って、ポートフォリオに加えた。結果は**図表35**のとおりである。

ここまでで、私のポートフォリオで現在使っているのと同じ戦略を6つ組み合わせた。口座資金の250％を使っていることに注目してほしい。これができるのは、先物戦略の多くでは証拠金に資金のほんの一部しか使わなくてよいからだ。私は資金10万ドル当たり数千ドルの証拠金しか使わないかもしれない。株式と先物を1つのポートフォリオに入れることで、現金を効率的に使っているといえよう。

これらの戦略は新たに良いアイデアを思いついたときに変えるかもしれない。だが、これらを説明したのは、私の考え方がどのように進展し、戦略・市場・期間によってポートフォリオ全体がどう分散されたかを理解してもらいたかったからだ。最終的には、どの指標も単純なセクター別ETFでタイミングを計る最初の戦略よりも良くなった。リターンが増え、リターン・リスク・レシオが向上し、ドローダウンが小さくなってその期間も短くなり、利益が増えた。私のIRA（個人退職勘定）にとって唯一悪かったのは、ここまで達するためにトレード数を増やす必要があったことだ。しかし、シミュレーションKの指標に近い戦略と市場と期間の組み合わせを手に入れるためなら、作業が増えてもかまわない。出発時点と最後の成績を比べてほしい。

電卓を使いながらこの本を読んでいる人は、計算がぴったりとは合わないことに気づくかもしれない。私が使ったシミュレーターは毎日のシミュレーションにおいて、戦略間で資金を再配分するなどの調整を絶えず行った。連敗中の戦略はほかの戦略の利益から通常の配分額を受け取るために、買いポジションを増やすかもしれない。一般に、さまざまな戦略をただ足し合わせただけでは、絶えずリバランスされたポートフォリオの最終結果と同じにはならないことに気づくだろう。運用成績を平滑化し、リターンを複利で運用し、用いている資金にレバレッジをかけながら、絶えずリバランスを行った戦略の組み合わせは、どの単一の戦略よりも多くの面で改善されている。

ここで警告しておきたい。仮想のシミュレーション結果は割り引いて受け取る必要がある。データは歴史の一部を示しているだけだ。すべての市場は常に変化している。使われるコンピューターも市場参加者も出来高も増え、一瞬で情報伝達ができて、取引できる市場も増えるということは、未来は常に変わっていくということだ。しかし、私の考えでは、目標を決めたら、そこに達する方法を考えることはできる。私は少しだがその道筋を示した。

すべてのトレードで指値どおりに約定するわけではない。シミュレーション用のプラットフォームではギャップを空けて寄り付く場合を考慮したが、多くの場合は自分にとって不利に約定する。手数料は最近ではわずかか無料になっているものの、現実にはいくばくかの負担が生じることになる。

シミュレーションはどれも1000万ドルのポートフォリオで始めた。これはポートフォリオが小さいために、戦略に制約が生じることがないようにしたかったからだ。資金不足のせいで、ポジションに十分な資金配分ができないと、一部のトレードを戦略の組み合わせから外す必要が出かねない。すると、私のコンセプトのせいではなく、

図表36　開始時と現在の戦略

戦略配分名	A	K
シミュレーション名	最初のセクター別ETFタイミング	6戦略の組み合わせ（%）50/25/50/25/50/50
CAGR	+18.126	+25.751
シャープレシオ	0.872	1.637
ソルティノレシオ	1.150	2.482
MARレシオ（リターン÷最大ドローダウン）	0.467	1.175
平均ドローダウン（%）	-4.527	-3.086
最大ドローダウン（%）	-38.830	-21.923
ドローダウンの最大日数	885日	490日
12.4年の総トレード数	1,048	11,717
12.4年の勝ちトレード数	500	4,357
12.4年の負けトレード数	548	7,226
勝率	47.710	37.615
12.4年の1000万ドルに対する損益	$66,535,517	$160,172,252
1トレード当たりのプロフィットファクター	$1.56	$1.18

資金不足のせいで結果に「粗さ」が生じる可能性がある。もちろん、読者のほとんどは1000万ドルも持っていないだろうが、コンセプトがしっかりしていれば、資金が少ないために戦略の組み合わせから一部のトレードを外すことになっても、結果に大きな影響は出ないだろう。

このシミュレーションでのトレード回数が１万1717回と知ると、おじけずく人もいるかもしれない。だが、年平均では944回であり、１年250日取引日では１日当たり約3.78回だ。これらの一部かすべてを行う時間があるか自動化できれば、それほど怖くはないだろう。私は毎日やっているが、しばらくするとかなり退屈で機械的な作業になる。

あなたはポートフォリオで今、何をしているだろうか。どういう相場の動きがリスクやパフォーマンスの低下をもたらしやすいだろうか。基本のポートフォリオが苦戦を強いられる時期に、どういう指標か期間の組み合わせや戦略が利益を生む可能性が高いだろうか。こういった考え方でこれらの質問に答えていけば、自分の「穴を埋めて」、全天候型トレーダーになることができる。

第10章
どのくらい売買すればよいのか

HOW MUCH DO WE BUY OR SELL?

ポジションサイズの調整は売買エンジンよりも重要である。それなのに、トレードを始めたばかりの人はほとんどの時間を売買方法の検索に費やすのはなぜだろうか。トレードの利益はどんな場合でも、売値から買値を引いた金額にポジションの大きさを掛けた金額になる。計算式の最初の項にだけ関心を持ち、２番目の項を無視するのは理にかなっていない。しかし、多くのトレーダーはトレードサイズについて考えることにはほとんど時間を割かない。

私はこのテーマについて、**『トレードで成功するための「聖杯」はポジションサイズ――トム・バッソが教えるその理由とその方法』**（パンローリング）という本を書いた。そして、この章でも重要なポイントをいくつか紹介している。

まず思い浮かぶのは、ポートフォリオのサイズを調整することがいかに重要かである。最良の売買シグナルを見つけようとして、チャートや指標や書籍の分析に割く時間を減らそう。ポジションサイズの調整を理解して最適化することにもっと力を入れよう。

売買エンジンの影響度を分析すると、ある指標に従って大きな動きかトレンドにすぐに乗っても、数時間後に別の指標に従って乗っても、トレンド方向に仕掛けているかぎりは利益に大した差は出ない。結果は、利益が60％になるか、59.8％になるかという程度の違いにすぎない。60％の利益を得るカギを見つけることに心血を注いでも、得るものは少ない。重要なのは、どこかでポジションを取って、そのトレンドに乗ることだ。

長期的に見れば、どのくらい買うか売るかのほうが成功に大きく影響する。ポジションが大きすぎると、長期的にはポートフォリオが台無しになる可能性が高まる。一方、ポジションが小さすぎると、せっかく良いトレードをしても労力に見合ったリターンが得られない。では、どうすれば自分にとって最適なポジションサイズを見つけられるだろうか。

ポジションサイズは純資産で決まる

ポジションサイズの調整については、取引口座の純資産から始めるのが理にかなっている。簡単に言えば、最適な効果を得るためには、ポートフォリオが大きければ、大きなポジションを取る必要があり、ポートフォリオが小さければ、小さなポジションを取る必要がある。

相場の動きにトレーダーが感情的に反応するのはなぜだろうか。私の考えでは、損するリスクとボラティリティの２つが原因だと思っている。トレードにはリスクがあり、間違っていたら本当にお金を失うという恐怖感がある。また、どの期間をとっても、ポジションの評価額の上げ下げを示すボラティリティも気になり、不安が生じる。

要するに、リスクが自分の基準で妥当な範囲に収まっていて、夜も安眠できるほどにボラティリティが抑えられているポジションサイズにしたいのである。トレードのリスクと現在のボラティリティの指標から調整を始めると、最初のポジションサイズを自分の快適なレベルに抑えやすくなる。

重要なポイントを１つ。多くのトレーダーはまずポジションサイズと仕掛け値を決め、次に損切りポイントを上下に動かして、自分の許容できる損失でリスクを決めることで、リスク管理を行っている。

これでは順番がさかさまだ！

相場はあなたが５％か10％の損失しか許容できないことなど気にしない。相場は動きたいように動く。相場の動きが極めて小さければ、仕掛け値から４％か５％離して損切りを置くことは理にかなっているかもしれない。しかし、相場が１日に２～３％上下し、ニュースが飛び交っている状況であれば、値動きに近すぎるところに損切りを置いてもふるい落とされるだけで、絶好のチャンスを逃しかねない。

相場の「通常の」動きを妨げない売買戦略を立て、その証券の１ユニット当たりのリスクとボラティリティを測定すれば、どういう相場でもポジションを適切な大きさにできる。相場が荒れるほど、ポジションは自動的に減り、相場が落ち着いて「通常」に戻ると、ポジションは自動的に増える。

最初に取るポジションサイズについての簡単な例

ある株式（XYZ）を買って10万ドルのポートフォリオを作るという簡単な例を考えてみよう。相場は通常の動きであるため、XYZ株は現在、横ばい状態である。レンジの高値は10ドル、安値は９ドルだ。10ドル以上は上昇トレンド、９ドル以下は下降トレンドと言える。10ドルと９ドルの間はノイズなので無視する。10.01ドルで上昇トレンドに乗って買い、8.99ドルに損切りを置く。21日ATR（真の値幅の平均）で測定したボラティリティは0.50ドルである。

私たちはポートフォリオで新たに取るすべてのポジションの大きさについて、納得できる限度をすでに決めている。私たちのポートフォリオでは、１ポジションがポートフォリオの10％を超えず、新たに取るどのポジションでもリスクは純資産の１％を超えるべきではないと決めた。また、新しいポジションのボラティリティは純資産を１日に0.5％以上動かしてはならないと決めた。では、ポジションサイズがどれくらい簡単に測れるかを見てみよう。

リスクに基づく手法

許容リスクは「10万ドル×１％＝1000ドル」

1000ドル÷（10.01ドル－8.99ドル）＝980.39株

＝980株（切り捨て）

ボラティリティに基づく手法

許容ボラティリティは「10万ドル×0.5％＝500ドル」

500ドル÷0.50ドル＝1000株

ポートフォリオに占める割合に基づく手法

最大で１万ドルのポジションは「10万ドル×10％＝10000ドル」

10000ドル÷10.01ドル＝999株

私は目立たないポジションサイズを探しているので、いつも計算で最も小さいポジションサイズを選ぶ。この例ではリスクに基づく手法で、XYZが980株になる。

先物トレードでのポジションサイズの調整例

同じプロセスを先物のポジションにも適用できる。単純にしておくために同じ10万ドルのポートフォリオで考えよう。MES（S&P500

マイクロ先物）３月限のレンジは4959～4901で、21日ATRの平均ボラティリティは１日当たり20ポイントである。このポジションのリスクは純資産の１％を超えないようにしたい。また、MES先物のボラティリティのせいで、ポートフォリオが１日当たり0.5％以上動くことも避けたい。

指標によると、MESはレンジを下にブレイクして、4900になっている。損切りはレンジよりも上の4960に置いているため、このトレードでのリスクは60ポイントになる。MES１枚のリスクは５ドルであり、MES１枚の証拠金は1600ドルである。それでは、MESのトレードのポジションサイズをどうやって計算するかを見てみよう。

リスクに基づく手法

許容リスクは「10万ドル×１％＝1000ドル」

1000ドル÷｛(4960－4900）×５ドル｝＝1000ドル÷300ドル
＝3.33枚
＝３枚（切り捨て）

ボラティリティに基づく手法

許容ボラティリティは「10万ドル×0.5％＝500ドル」

500ドル÷（20ポイント×５ドル）＝500ドル÷100ドル
＝５枚

ポートフォリオに占める割合に基づく手法

最大で１万ドルのポジションは「10万ドル×10％＝10000ドル」

10000ドル÷1600ドル＝6.25枚

＝６枚（切り捨て）

私は自分が最も快適であるために、ポジションサイズが最も小さかったものに決める。ここではリスクに基づく手法の３枚で決まりで、これが下にブレイクしたときに私が売る枚数である。

ポジションサイズを決める作業はここで終わりではない

今、あなたはトレード中だ。状況は日々刻々と変化している。トレードを始めて３週間が経過し、非常に面白い状況になってきたとしよう。何らかのニュース（パンデミック、戦争、OPEC［石油輸出国機構］の決定、政治的混乱など）のせいで、トレード中のポジションは乱高下している。最初のポジションサイズを適切に決めたとしても、作業はそこで終わりではない。市場はまるっきり変化したので、あなたも状況を把握して、ポジションを適切なサイズに調整しなければならない。

数十年にわたってトレードを続けてきて、気づいたことがある。静かで面白みのない相場が、だれも気にしないうちに動き出すことがよくある。トレンドが続くにつれて、それに乗るトレーダーが増えてきて、面白くなってくる。この状況は夕方のニュースや経済紙やブログで取り上げられるかもしれない。こうした状況ではボラティリティが高くなるため、リスクも高くなる。ひょっとすると、あなたはトレンドに乗り続けて、含み益が出ているかもしれない。では、今も続けているトレードでリスクを適切に維持するにはどうすればよいだろうか。

継続中の株式トレード

XYZ株の単純な例を続けよう。シミュレーションのポートフォリオは12万ドルに増えた。XYZ株の今の値動きは上昇中である。株価は現在15ドルで、利食いの逆指値は売買エンジンに従って10.75ドルに引き上げた。リスクは4.25ドルで、この株を買ったときよりもはるかに高くなっている。ATRで測定した21日ボラティリティは1.25ドルに上昇した。

現在のポジションのリスクとボラティリティの許容度をもっと高める必要がある。ポジションは含み益になっているので、トレンドに乗り続けるためにポートフォリオにおけるこのポジションでとれるリスクはもう少し高くすべきだ。例えば、含み益になったポジションでは2.5％のリスクをとれるとしよう。それでも、ポートフォリオの10％以上のリスクはとりたくない。また、ポジションのボラティリティは１日に0.7％以上は許容しないようにする。現在持っているポジションの大きさを見てみよう。

リスクに基づく手法

許容リスクは「12万ドル×2.5％＝3000ドル」

3000ドル÷4.25ドル（リスク）＝705.88株

＝705株（切り捨て）

ボラティリティに基づく手法

許容ボラティリティは「12万ドル×0.7％＝840ドル」

840ドル÷1.25ドル＝672株

ポートフォリオに占める割合に基づく手法

最大で1.2万ドルのポジションは「12万ドル×10％＝12000ドル」

12000ドル÷15.00ドル＝800株

引き続き、リスクは最も保守的でありたいという哲学で、XYZ株のポジションはボラティリティに基づく手法の672株にする。これは（980株－672株）、つまり308株を成り行きで売ることを意味する。

トレード中の先物のポジションサイズ

トレード中の先物のポジションサイズの管理は、先ほど取り上げた株式の例と似た形になる。同じ12万ドルに膨らんだポートフォリオを使おう。MES（S&P500マイクロ先物）３月限は下げて、含み益になっている。MESは4750まで下げて、利食いの逆指値は4875に引き下げたため、リスクは125ポイントになった。21日ATRの平均ボラティリティは１日当たり100ポイントで、売りを仕掛けたときの２倍になっている。このポジションのリスクは純資産の2.5％を超えないようにしたい。また、MES先物のせいで、ポートフォリオが１日当たり0.7％以上動くことも避けたい。

証拠金は取引所と証券会社によって１日ごとに決められる。そこで、MESの相場が盛り上がっているため、証拠金は2000ドルに引き上げられたとしよう。このMESのトレードについて、現時点でのポジションサイズをどう計算するかを見てみよう。

リスクに基づく手法

許容リスクは「12万ドル×2.5％＝3000ドル」

3000ドル÷｛(4875－4750）×５ドル｝＝3000ドル÷625ドル

＝4.8枚

＝４枚（切り捨て）

ボラティリティに基づく手法

許容ボラティリティは「12万ドル×0.7％＝840ドル」

840ドル÷（100ポイント×５ドル）＝840ドル÷500ドル

＝1.68枚

＝１枚（切り捨て）

ポートフォリオに占める割合に基づく手法

最大で1.2万ドルのポジションは「12万ドル×10％＝12000ドル」

12000ドル÷2000ドル＝６枚

繰り返すが、私は保守的なほうに間違えたいので、最小だった答えであるボラティリティに基づく手法の１枚に決める。私は３枚のポジションサイズから始めたので、２枚を成り行きで売って、トレード中で含み益になっているポジションを快適な水準にする。

ポートフォリオ全体のリスクとボラティリティを管理する

株式と先物のポジションサイズをどうやって管理するかが分かったので、ポートフォリオ全体のリスクとボラティリティの話に移ろう。例えば、ポートフォリオに10銘柄があり、それぞれの銘柄の１日当たり平均ボラティリティが0.5％だとすると、ポートフォリオの通常の日の変動は１日当たり0.5％の10倍で、５％になるかもしれない。これが耐えがたいと思うトレーダーもいるだろう。ポートフォリオ全体のリスクとボラティリティを管理すれば、心地良くトレードができる。

例えば、ポートフォリオ全体のボラティリティは５％しか許容できず、リスクは特定の日に14％を超えないようにしたいとする。ポジションを単純に合計して、事前に決めた水準を超えているかどうかを確認する。超えている場合は、自分の落ち着ける水準になるまで各ポジションから「削り取る」とよい。

さて、頭の良い統計学者は言うだろう。「でも、ポジション同士に相関関係がない場合はどうなるんだ。リスクやボラティリティの数字を足すだけでは、うまくいかないよ。同じ日に大きく上げている銘柄と、大きく下げている銘柄があって、動きを打ち消しあっているかもしれないからね」。私の場合は、複雑な計算をするよりも、単純で保守的であることのほうが重要である。相関関係を考慮すると、ポジションを増やしたり、ポジションサイズを大きくしたりできるかもしれないが、もっと多くの計算が必要になる。しかも、相関関係は常に変化するため、計算は正確ではないかもしれない。

また、私のようにポートフォリオ内のさまざまなポジション同士の相関関係を何十年も観察していれば、世界的危機やパニックが起きるほどの弱気相場のニュースのせいで、すべてのポジションの相関関係が1.00近くまで押し上げられて、非常に相関が高くなるときを目の当たりにすることになる。それならば、単純にすべてのポジションが100％相関していると仮定して、全天候型トレーダーの生活を少しでも単純にしておいたほうがよくはないだろうか。

仮にポートフォリオ全体のリスクかボラティリティを許容できる水準まで下げるために２％「削り取る」必要があるとすると、私は現在取っている各ポジションに２％を掛けて、１株か１枚単位で端数を切り捨てて、すぐに成り行きで手仕舞う。そうすれば、ポートフォリオ全体のリスクもボラティリティも下がり、エクイティーカーブも滑らかになる。さらに、私がマネーマネジャーだったころの研究によると、このコンセプトに従えばリターン・リスク・レシオの指標が改善する。基本的には、これによってすぐにも陥る次のドローダウンが小さくなる。

まとめ――さまざまなポジションサイズ調整法を追加していくメリット

単純なトレンドフォロー戦略を１つ用いて、さまざまなポジションサイズ調整法を追加していくことのメリットを確認した。**図表37**は標準的なトレンドフォローの指標をいくつか使い、26の先物市場のポートフォリオでシミュレーションをした結果と、各シミュレーションで目立った統計結果を示している。この**図表37**では、指標とポートフォリオを固定している。唯一変えたのは、ポジションサイズのアルゴリズムによってポジションサイズを「管理」した点だけである。ポートフォリオにポジションサイズの調整というコンセプトを加えることで、全天候型ポートフォリオにいくつかの利点が生まれることが分かる。

ポジションサイズを調整するパラメーターを追加するごとに、結果は理にかなった改善をしていく。最初の純資産に対してリスクを

図表37　ポジションサイズの調整を加えていくことの利点

パラメーター	パラメーターの値	CAGR（%）	ソルティノレシオ	最大ドローダウン（%）	リターン÷最大ドローダウン
当初純資産に対するリスク（%）	0.5	+15.087	0.876	-87.142	0.173
トレード中の純資産に対するリスク（%）	1.0	+13.797	0.844	-63.864	0.216
当初純資産に対するボラティリティ（%）	0.2	+11.223	1.409	-19.507	0.575
トレード中の純資産に対するボラティリティ（%）	0.4	+11.377	1.426	-19.255	0.591
ポートフォリオ全体のリスク（%）	15.0	+11.343	1.436	-19.266	0.589
ポートフォリオ全体のボラティリティ（%）	7.0	+11.343	1.436	-19.266	0.589

0.5％にしたときの単純な例では、変動が大きくなりすぎる場合があることが分かる。ほとんどのトレーダーはこの種の苦痛には耐えられないと思う。トレード中のリスクを1.0％にした場合を加えると、リターンは予想どおりわずかに落ちるが、リターン・リスク・レシオの指標とドローダウンの比率は改善される。最初のポジションにボラティリティの管理を追加すると、リターンはさらに落ちるが、ソルティノレシオは2倍近くになり、ドローダウンは劇的に小さくなった。また、MARレシオ（リターン÷最大ドローダウン）は当初の3.3倍に跳ね上がった。トレード中の純資産に対するボラティリティを0.4％に設定した場合を加えると、リターンがわずかに改善したが、ほかの指標もすべて改善した。最後に、ポートフォリオ

全体のリスクとボラティリティの管理を加えると、リターン、最大ドローダウン、MARレシオは安定している。ソルティノレシオは改善し続け、最後の場合が最も良い。ポジション管理でこれ以上の微調整をしても、リターンが減るだけである。

このシミュレーションで私が得た教訓は、文字どおり何千回ものトレードでポジションサイズの管理をすれば、戦略の働きが改善されるということだ。これらのシミュレーションはすべて、本書を執筆している現在の私が使っているものとまったく同じ先物の基本戦略で行った。私は自分の退職勘定のポートフォリオで、妥当なリターン、許容できるドローダウン、妥当なリターン・リスク・レシオを目指している。ポジションサイズの調整はその助けになる。これは１つだけの戦略で行ったものである。これを複数の市場や戦略や期間で行ったら、どれほど役に立つか想像してほしい。時間をかけて、自分のポートフォリオでこれについて調べてほしい。これは私がトレードで一貫して快適でいるのに役立っている。

自分に合った全天候型ポジションサイズを見つける

すべての例でこれらの数字を選んだのは、計算しやすいからだ。トレーダーにはそれぞれリスクとボラティリティの許容度が異なるので、ポジションサイズの管理を自分に合わせて調整する必要がある。初心者で自分のリスク許容度が分からない場合は、リスクが低いところから始めて、徐々に上げていけばよいだろう。絶対にリスクが高いところから始めて、下げていくべきではない。それは大失敗のもとだ。

新しいポジションで１％のリスクを許容できると思うのならば、

それよりもかなり低い0.5%か0.6%から始めて、しばらく試してみよう。それでは少し物足りないと感じたら、リスクを高くしていけばよい。常に低いほうに間違えよう。そうすれば、長期的には相場のリスクとボラティリティが記録的な高さになったときに、自分の状況や心理に合ったポジションサイズでトレードをしていて良かったと思うだろう。ポジションサイズの管理がうまくいかなかったせいで、不満や不安からポートフォリオでの運用をあきらめた戦略でも、これなら同じ戦略でトレードを続けられるだろう。

第11章
トレードの精神面

THE MENTAL SIDE OF TRADING

なぜトレードの精神面に関心を持つべきなのか

バン・K・タープ博士は、「トレーダーは市場をトレードしているのではなく、自分の信念をトレードしているのだ」といつも言っていた。私もまったく同感である。本書で述べたこともすべて、私の信念を説明したものだ。それは次のとおりだ。

1. 成功するトレーダーは仕掛けるのに役立つ理にかなった売買エンジンを持っている。
2. 成功するトレーダーはポジションサイズを体系的に調整する賢明な手法を持っていて、破産確率を減らすのに役立てている。
3. 成功するトレーダーはエクイティーカーブ（純資産曲線）に見られるドローダウンの「穴」を埋める戦略を持っており、ストレスを減らすことができる。
4. 相場は時間とともに上昇や下落や横ばいを繰り返す。
5. 人気になっている他人の戦略をまねしても、長く実行し続けるのは難しい。それよりも、自分の状況に合った全体的な戦略か、戦略の組み合わせを作るほうがはるかに成功する可能性が高い。
6. トレードで完璧ということはない。
7. 相場は動きたいように動く。

今でもはっきり覚えているのだが、タープ博士は彼が主宰するピークパフォーマンスセミナーの参加者に、「売買技術、ポジションサイズの調整、トレードにおける精神の安定度のうちで、どれが重要でしょうか」と尋ねたことがある。これに対して、「買いや売りを仕掛ける能力がなければ、トレードはできない」と考える人たちがいた。一方、「確かにそのとおりだが、ポジションサイズが適切でなければ、相場がポジションに逆行したときに、立ち直れないほどの打撃を受けるかもしれない」と言う人たちもいた。どちらも当たっているが、トレードで最も重要なのは精神的なプロセスである。それがなければ、良いことは何も起こらない。

ここで、私がエンジニアだったことや、何でもコンピューター化するという評判もあるため、次のように反論される。「でも、あなたはコンピューターでシステムトレードをしていますよね。あなたの場合、精神面はコンピューターの前に１日中座っている人たちほど重要じゃないはずです」。だが、もちろん、そんなことはない。私はプログラムを実行するためにボタンを押さなければならない。サボろうと思えば、今日サボることもできる。警告を出すようにプログラムを設定していても、シグナルを無視することができる。新しいトレードに強い思い入れがあって、コンピューターが指示した２倍のポジションを買うこともできる。何か説得力のある記事を読んで、これまで１回も取ったことがないポジションを取ろうと「賭けに出る」こともできる。私は自分のプロセスをいくらでもねじ曲げることができる。私は人間である。感情に引きずられたら、すぐ間違いを犯す。だからこそ、時間をかけてトレードの精神面を適切に保たなければならないのだ。

この章では、優れた「トレードの精神」の基礎を築くことに焦点を当てる。この用語は、全天候型トレーダーになって成功する能力に影響を与える精神的プロセス全体を表すのに使う。以降の各項目は、私がトレードの精神と呼んでいるものだ。これらはすべて、トレードで成功するプロセスにとって重要なものである。

自己評価

しっかりとした土台を築くために、ここで精神の旅を始めよう。自己評価とは、自分の資質や特徴についての考え方や感じ方である。

どんな努力でも同じだが、トレードでは高い自己評価が求められる。相場は狡猾に人の心をつかんで、自分自身を疑わせる。自分の資質や特徴について肯定的に考えることは、やがて相場から投げかけられる悪影響に対抗するのに役立つ。

逆のことを想像してほしい。トレードを仕掛けた。１日続けたところで損切りに引っかかり、手仕舞うことになった。損が出た。また、間違えたのだ。自分の戦略に従わず、衝動的に動いてトレードでしくじるのはこれで３回目である。あなたは自己評価が低く、このトレードだけでなく、これまでの多くのトレードでも自分の実力不足を裏付けているにすぎない。

まいった。ここまで書いただけで、気分が落ち込んできた。

こうした潜在的なストレス要因に対処するのに良い方法は、まず自分には他人にはない資質や特徴があるということを自覚するために、できるかぎりのことをすることだ。自分には特別な能力があると信じることが必要である。あなたは配偶者や親として、あるいは子供や友人として、それに同僚や地域社会の一員として、唯一無二の存在だ。あなたには価値がある。自分をトレーダーとして定義してはならない。自分の生きている世界にとって重要な人間として自分を定義しよう。自分を高く評価しよう。本当にそう信じよう。それが真実なのだから！　だれも自分を低く評価すべきではないのに、そうする人がいる。もしそれがあなたであれば、トレードの道を歩み始める前に、自分をもっと高く評価することに取り組んでほしい。

そうすれば、トレードに役立つだけでなく、より健康で幸福な人生を送れる。

責任

精神の旅で次に確認するのは責任である。子供のころ、自分の周りの世界はワクワクするような可能性にあふれていて、素晴らしい場所だと思っていた。学校では、すべてが時間割に従って動いていた。学校の外では、新聞配達や読書や勉強で１日のほとんどが終わった。子供のころはだれでも、親や教師に大部分を支配されるところから始まった。私たちは何に対してもほとんど責任を持たなくてもよかった。

成長するにつれて、身の回りで起こることに責任を持てば物事を変えられると、多くの人が気づく。しかし、多くの人はその責任を取らない。何かが起こると、特に悪い出来事の場合、すぐに他人や何かほかのせいにしがちだ。それが良いことだったら、たまたま運が良かっただけで、自分はほとんど何もしていなくても、自分がしたのだと言いたがる。「自分のせいじゃない」が多くの人の口癖になる。被害者ぶるのは簡単だ。トレードではそれが、「損切りを置いていたのに無視された」や、「配偶者にじゃまされたんだ」「会社があの発表で株価を操作した。インサイダーが売り抜けているに違いない」といった言葉に現れる。

責任を取ることができれば、周囲で起きる多くのことをコントロールできるようになる。じゃまが入って集中できないことが多いと思ったら、仕事場を気が散らないようにする責任がある。損切りに頻繁に引っかかり、その後に相場が順行するようならば、ノイズを測定する責任を取り、相場の動きにもっと余裕を持たせる方法がないか考えてみよう。ニュースのせいで愚かなトレードをしてしまったのならば、ニュースなど見ないようにしよう。

自分で責任を取れないのなら、何をしようと成功するのは難しい。自分に責任を持てなければ、世界はただ回り続け、偶然の出来事に何回も振り回され、人生は嵐の大海原を進む手漕ぎボートのように上や下や横に揺さぶられ、最後には転覆してしまう。責任を取る気があれば、周囲の状況を判断し、それを改善し、目標を達成するために行動を起こすことができる。プログラミングについては何も知らないが、トレードの一部を自動化したいと思うのならば、責任を持ってプログラミングを学んで、自動化のプログラムを作ることだってできる。あるいは、コンピューターサイエンスを専攻した人を雇い、彼らと協力してトレードをより効果的で効率的なものにするプログラムを作ることもできる。

損切りラインを決めたが、その注文を実際には出さなかった場合、損切りがうまくできなかったのは相場のせいなのだろうか、それとも自分のせいなのだろうか。プログラマーを雇って取引プラットフォームを作ってもらったら、ある指標の組み合わせによるシミュレーションで膨大な利益が出た。そこで、すぐにそれで実際にトレードをしたら、大損をした。これはプログラマーのせいなのだろうか、それともシミュレーションの結果を何回も確認し、ロジックが自分の望むように機能しているかどうか、確かめなかった自分のせいなのだろうか。

トレードを始めて相場が自分のポジションに逆行しても、相場のせいにしてはならない。相場は気まぐれだ。トレーダーは相場をよく観察して、それにうまく対応する必要がある。相場は私たちがトレードをしていようがいまいが気にしない。私たちは値動きに対して論理的に反応する責任があるのだ。

損をしたのは自分のせいではなく、何かほかのせいだと思っている自分に気づいたら、「もっと良い結果を出すために何ができただろうか、今後、何ができるだろうか」と自らに問うてほしい。自分にそう問う力がつけば、驚くような大きなことが達成できる。

意識

トレードの精神に関するこの節は、私自身が意識を高めていった過程の話から始めよう。私はこの話を数え切れないほどしてきたが、それはあなたに意識を高める旅を始めてもらいたいからである。

高校３年生のとき、国語（英語）の授業でみんなの前に立ち、読んだばかりの本について感想を発表しなければならないことがあった。私は立ち上がって、手を震わせながら何とか感想を述べた。その日の夜、私はその授業の記憶を振り返ってみた。人生の大半を共に過ごした友人たちの顔が見えた。自分の手が震えているのをじっと見て、クラス全員の前に立って話したときの恐怖を感じた。そして、それがまったくバカげていることに気づいた。友人たちの前で簡単な課題をこなしただけなのに、こっけいだった。その出来事がそれまでの自分の人生にとって、最も重大な出来事だったことに腹が立った。

その振り返りがとても役に立ったので、私は毎晩、その日の交流や出来事を振り返るようになった。重要な出来事は何でも頭に浮かぶのに任せた。そして、それらのうちのいくつかの出来事がその日のうちで最も重要だったと判断すると、それらについて自問した。「その状況で、私はあんなふうに振る舞うべきだったのだろうか。私は起きたことに満足していたのだろうか。もっと違う振る舞いができたのではないだろうか」と。

この「記憶の振り返り」はすべて、私の意識を高め、物事にどう取り組めばよいかを調整するときの指針として役に立った。しかし、完全な意識にはまだほど遠い状態だった。

私がバスケットボールの優勝チームでセンターとしてプレーしているところまで、早送りしよう。いつもセンタープレーヤーをしているところからは、チームのほかの４人や、対戦相手の５人が見えた。そこで私はチームの何人かの背後で何が起きているかを叫ぶ役を買って出た。彼らは自分の背後が見えていなかったからだ。私が叫ぶことで、彼らは目の前のマークする相手から目を離さずに集中できた。おかげで私たちのディフェンスは強くなった。私たちが相手チームに得点を許さなかったので、ほとんどのチームが私たちとの対戦を嫌がった。

バスケットボールの試合では、自分の後ろにだれがいるかを意識して追い続けた。私はチームメートにだれが後ろにいるかを伝えていたが、私の後ろにだれがいるかを把握しているチームメートはいなかった。私はだれが視界から消えるかを意識しなければならなかった。もしもチームメートが私の視界外から出てきたら、それは彼がまだ私の後ろにいたということを意味した。すると、自分がプレーする立場になりそうなときは、そのチームメートがどこにいるかを見ないでも動けるようになった。それはあること（私の後ろにいるチームメート）を意識しながら、ほかのこと（チームメートにディフェンスの指示をする）を意識的に処理する訓練になった。

大学を卒業して化学工学の仕事に就くと、人前で話す練習の講座を取り、再び意識を高める試練に耐えた。私は高校時代の惨めな発表を思い出し、すぐにそのクラスに申し込んだ。クラスを教えていた女性は優秀で、５分か10分のスピーチを小さなカードに書かれた３つか４つのキーワードにまとめさせた。スピーチの原稿は必要なかった。私たちはただ最初のキーワードを取り上げて、クラスの人たちに向かって話せばよかった。まるで普通の会話をしているようだった。

私は鏡の前で話す練習をした。話しながら、自分が話している姿を観察した。私の頭の中では２つのことが同時に行われていた。１つは実際に話している場面で、もう１つは自分が話しているところを見ている場面だ。私は自分が笑っているのか、顔をしかめているのか、緊張しているのか、言葉に詰まっているのかに気づいた。練習をして、意識が高まるにつれてパフォーマンスも向上した。

もうひとつ繰り返し行われたフィードバックはビデオ録画撮影だった。先生は各受講生が話した内容をビデオに録画し、授業の後半でその録画を再生して、１人ひとりのパフォーマンスを向上させる方法を提案した。私たちはみんな上達を目指す同じ仲間だった。これはだれにとっても楽しいものになった。笑いが絶えず、私たちは全員、クラスメートの前で話すのがうまくなっていった。

マネーマネジメントの仕事に就くと、すぐに思った。ストレスや軽率な行動で顧客に損失を与えないためには、自分に起きていることをリアルタイムで把握していなければならない、と。それは「観察者としての自分」を持ち、単に人前で話していることだけでなく、自分の人生に起きていることすべてを把握することだと考えた。実際には、パソコンの画面に付箋を貼り、「意識を高める」とだけ書いた。

付箋を見るたびに、私はちょっと立ち止まり、「私は十分に意識していただろうか」と自問した。意識をしていたら、素晴らしい。意識をしていなかったら、どうして意識をしていなかったのか自問した。リアルタイムで自分がやっていることを意識するのが、だんだんうまくなっていった。高校時代、１日の終わりに記憶を振り返っていたのとは対照的に、私はリアルタイムで気づき、人生を歩む中で調整する能力を身に付けていった。少しずつ、観察者としての自分は頭の中に溶け込んでいった。今では自分に何が起きているのかを常に意識できるようになった。

これがトレードにどう関係するのだろうか。だれかに株の耳寄り情報を教えられたときに、自分の強欲に気づいていなければ、トレード戦略を放棄しかねない。ポジションがあっという間に含み損になり、損切りに引っかかりそうになってストレスを感じている場合、自分の恐怖感や緊張を意識すれば、ネガティブな精神状態から立ち直れて、損切り注文は目的があってそこに置いたことや、相場は予測不可能なのだということを思い出せる。

意識を高めていないと、多くの可能性が失われてしまう。鏡やビデオカメラの前で演じてみるのは、だれにとっても役に立つ。何かをしている自分を見ると、トレードや人生で役に立つスキルが得られる。

規律

トレーダーがトレードの規律について年中話しているのを耳にする。彼らはトレードで自分の戦略を無視したあと、規律を守らなかったことを後悔する。また、かなりの利益を得てうまく手仕舞えたと思ったのに、相場が活況を呈し続けているのを見て、「もっとトレードを続けて利を伸ばす規律があったらなぁ」と言う。

これは人生のどんな場面でも起こることだ。ダイエット中の人がおいしいチョコレートケーキを食べて、翌日そのことを後悔する。運動をさぼり、２～３日体がだるくて、なぜだろうと思う。いつもは決まった時間に寝ている人が、深夜の最新ニュースに夢中になり、なかなか寝付けないでいる。

これまで自尊心と責任と意識について説明してきたが、どれも規律を守るのに欠かせないものである。規律がないと、自分の計画にないことをしかねない。自尊心や責任感や高い意識があれば規律を守り、計画から外れ始めてもそれを修正できる。そういうことを続けて、それをほめるたびに、頭を使ってしていることが強化され、やがて規律に従って選択することが容易にできるようになる。

精神状態のバランスをとる

トレードの精神面に関する旅の最後は、自分の精神状態を理解し、それを変えてバランスをとることについてである。大半のトレーダー、特に自分に何が起きているかをほとんど意識していないトレーダーは、自分の精神状態が日によって大きく異なる場合があることに気づいていない。また、精神状態がトレードに役立つ場合もあれば、害になる場合もあることにも気づいていない。さらに、自分の精神状態をもっと有用なものに変えられることさえ、ほとんど理解していない。

精神状態と、それがトレードの過程にどれほど大きく影響するかを例を挙げて見てみよう。まず、愛する人の訃報に接したトレーダ一の例である。彼は非常に悲しんでいる。間違いなく目の前の仕事に集中できる状態ではない。悲しみに沈んでいる状態では負けトレードを維持し続けられるほど楽観的にはなれない。そんな精神状態では、「くそっ。今日はもう終わりにしよう」などと言って手仕舞う可能性が高い。

もう１つの例は、遺産が入ったという知らせを受けたトレーダーの話である。口座には投資に回せる資金がたっぷり入ってきた。気分が良くて、目まいがするほどだ。彼は最近トレードで勝ちまくっていて、かなりの利益を出している。そんな状態では、通常の場合や慎重にすべき場合よりもリスクを高くとりやすい。リスクやボラティリティに応じてポジションサイズを調整するようにという学んだ規律を無視して、ただ「切りのよい数字で買う」ようになるかもしれない。流動性不足や、市場全般がしばらく買われ過ぎになっているなど、トレードで生じる問題を簡単に見過ごすかもしれない。それよりも、考え抜いた戦略を実行し続けるほうが賢明である。

この２つのうち１つはネガティブなほうに、もう１つはポジティブなほうに片寄っていて、トレーダーはバランスのとれた精神状態ではなかった。どちらの極端な状態にあっても、反対側で考えるべきことに気づかないかもしれない。トレードにとって害になりかねない極端な精神状態に陥っていると気づくには、前に説明した意識がカギになる。

そこで、自分が落ち込んでいたり、舞い上がっていたり、堪忍袋の緒が切れていたり、バカバカしいと思っていたりする自分に気づいたとしよう。精神状態を正常に戻すにはどうすればよいだろうか。まずは今の自分の状態に気づくことだが、その次はもっと役に立つ状態に変わらなければならない。

私は「トレードの映画」や「人生の映画」を見るのが好きだ。今、あなたは自分の人生という映画のなかにいると想像してほしい。あなたはすべての場面に登場している。部屋を見回すと、人々やペットやテレビや窓の外でそよ風に揺れている木々が見える。特定のものに集中しないように。映画を見ているとき、あなたは楽しんだり、興奮したり、怖がったりと、映画が観客に感じてもらいたいように感じている。しかし、あなたはもちろん、それがただの映画であり、現実ではないことは分かっている。その状態であれば、映画を見ながら精神のバランスを保ち続けることができる。

同じことをトレード中にもできる。周りで起きていることから自分を切り離す練習をしよう。人生という映画を見よう。「あぁ、また負けたのか」。これは想定どおりだ。「見ろ。XYZ株にまた買いシグナルが点灯したぞ」。トレードをするときだ。何の感情もない。ストレスも緊張もない。あなたはただ映画を見ていて、映画のすべての場面に登場して、自分の役を完璧に演じているだけなのだ。

予想外の展開が何回も起きて驚かされる映画のように、人生でも予想外のことが起きる。人は思いがけないことに巻き込まれて、安定した精神状態を乱されることがある。思いがけないことを映画のどんでん返しとみなし、自分という登場人物はそれにうまく対処して、自分のやるべきことに集中し続けていると考えよう。

感情に流されるか理性的でいるかは自分で選べる。喜劇を見て大笑いしたいと思ったら、映画に調子を合わせて楽しめる。しかし、完全に距離を置いて、セットや衣装や登場人物を分析しながら映画を見たいと思ったら、それほど面白いとは感じないかもしれない。フットボールチームが負けると信じて試合に臨めば、本当に負けるだろう。だが、自分の役目を果たすことに集中し、「どうなるか見てみようじゃないか」と考えれば、最善を尽くせる可能性がずっと高くなる。

感情に流された状態でいたいかどうかは自分で決められる。今の精神状態では何の役にも立たないと思ったら、役に立つように変えれば、自分の人生の映画を見ているように楽しむことができる。

第12章 全天候型投資を始める

GETTING STARTED WITH ALL-WEATHER INVESTING

全天候型の手法をどうやって実行するかを詳しく説明する前に、どうしてそれに基づくトレードの利点や精神面について検討するのだろうか。トレードにはまず基礎が必要であり、あなたはそれを築いている最中だ。そして、自分のトレードプランを追い求めながら、次に何が起きるかを意識すると思う。それらはもう大体分かっているはずである。そして、それらの課題にあなたは適切に対処できる。

さあ、自分にふさわしいプロセスを進め始めるときである。どの市場が自分にとって最もうまくいくかを調べ、研究し、実行するときだ。自分の性格に合ったプロセスや市場が見つかればワクワクするだろう。そうすれば、自分のポートフォリオのトレード結果についてもっと楽観的になれるはずだ。

私は退職勘定で、大幅に分散した戦略をいくつか全天候型の手法で実行している。私はトレード法、ポジションサイズの決め方、プログラミングの方法、精神状態の変え方などの知識を持って生まれてきたわけではない。これらのことは学ばなければならなかった。自分にないものを身に付ける必要があり、そのために努力しなければならなかった。来る日も来る日も、自分の目標を意識しながら観察し、失敗から学び、セミナーに参加し、本を読みあさった。そして、理にかなっていると思うトレード戦略でシミュレーションをして、ポートフォリオ全体をそれまでよりもうまく管理するようにしたのである。

しかし、この進歩は一朝一夕にできるものでは到底ない。あなたが全天候型投資をするつもりならば、すぐに始める前にすべき作業がある。

全天候型手法の実行

すべき作業を分かりやすい段階に分けた。次のリストを、順を追って実行してほしい。各段階はその前の段階を前提にして作っているからだ。これがあなたの作業リストだ。

1. **自分について点検をする**　新規事業の計画を発表するつもりで、将来のトレード事業の説明を書き出す。これには、資金、スキル、関係者、事業を軌道に乗せるまでに要する時間、事業を実行する各期間に費やす時間などを入れるべきだ。それはほかのどんなトレーダーとも違う独自のものになるだろう。
2. **トレードをする市場を決める**　株を好むのか先物を好むのか、それとも利益を上げられるなら何でもトレードをするのか。どの市場についてすでに使える知識を持っているのか、学習をしてでも分散投資をしたい市場はどこなのか。
3. **自分のトレードの原動力になる売買エンジンを作る**　それは長期かもしれないし、短期かもしれない。標準的なテクニカル指標を使ったものかもしれない（https://www.investopedia.com/ には、計算式やロジックが掲載された指標が何十もある）。コンピューターを使うか、スクリーン上のチャートをちらっと見る必要があるかもしれない。自分に合うように調整しよう。ロジックと計算を完全に理解しているか確かめよう。「いつ、この種の指標が最高のパフォーマンスを発揮し、どこで苦戦しそうか」と自問してみよう。それは自分のしたいことの役に立つだろうか。
4. **期間のパラメーターを決める**　トレーダーはノイズ、つまり一見ランダムなデータに見えるものから情報を引き出さなければならない。短期であればトレード回数が増え、素早く効率的にすべきことが増える。おそらく、挑戦を求めていて、デイトレードをしたい人もいるだろう。また、仕事によっては出張が多く、ポートフォリオやテクニカル指標をきちんと見られるのは週に１回だけという人もいるだろう。その場合は長期的な指標が役に立つ。自分の状況に合う期間があるはずだ。それを見つけて、使おう。

5．**ポートフォリオのポジションサイズをどうやって調整するか考える**　第10章で、この問題に対する私の方法をいくつか例として取り上げた。おそらく、私の方法よりも単純にしたほうが良い。しかし、ポートフォリオのすべてのポジションが全体のリターンとリスクの改善に役立つように、理にかなった計画を立てるべきだ。１銘柄が全体に大きく影響するようにしてはならない。

6．**自分の戦略が過去データでどういう結果になるか、必要と思う範囲でシミュレーションをする**　自分で自動化ができるのならば、自分に合うと思う期間にパラメーターを設定し、自分の考えるポジションサイズの調整法でシミュレーションをして、結果を確認すればよい。さもなければ、証券会社のプラットフォームで上昇相場、下降相場、横ばい相場のチャートをいくつか見て、それらの期間に自分の戦略ではどういう結果になるかを手動で調べてもよい。この段階での目的は、さまざまな相場で自分の戦略がどういうパフォーマンスを示すかを細かく理解することである。そうすれば、全天候型トレーダーとして実行することに慣れていくだろう。

7. **証券会社を決める**　株式だけをトレードするつもりならば、株式だけを扱う証券会社はたくさんある。自動化が進んでいるところもあれば、そうでないところもある。株式もオプションも先物もトレードができるようにしたければ、これらすべての分野の登録を受けて営業している会社を探す必要がある。トレードをしたいすべての市場を扱っている会社であれば、資金を効率的に運用できるし、戦略間のリバランスのために資金を別の証券会社に移す手間が省ける。
8. **すべての準備を整える**　ポジションサイズを決めるのにスプレッドシートが必要ならば、それを用意して検証する。その使い方を練習する。証券会社によっては、検証機能を持つプラットフォームを提供している。実際にトレードに必要な数値を入力してポートフォリオの結果を確認し、必要であればポートフォリオのリバランスを行うなど、期間ごとに戦略を実行する練習をしばらく行う。これは軍隊が次の戦いに備えて訓練するのに似ている。彼らが準備を整えるのは、自分たちや仲間の命が自分たちの働きにかかっているからだ。彼らと同じ姿勢でトレードに臨もう。
9. **実際にトレードをする**　これで、もう準備万端だ。あなたはこの日のために準備をしてきた。あなたのトレードは幕を開ける。間違いなく今が始めるときだ。ラリー・ザ・ケーブルガイが言うように、「やれ！」だ。

全天候型の手法をどのように実行するか、例をいくつか示そう。

ティムはコンピューターの専門知識があり、キャリア志向の若者である。何事にも挑戦したいと思っているが、結婚して子供もできたので、リスクについて心配したくはない。彼は仕事でかなり多忙になることもあるが、自分の判断で投資をしたいと思っている。

今のところは証券会社の取引プラットフォームで、長期投資向きと思う企業の株に投資をしてきた。株式相場は何年も上昇が続いたので、彼のポートフォリオの資産額は順調に増えている。

しかし、彼は過去のチャートを見て、株式市場にリスクがあることを知っている。本書の最初のほうで指摘したように、株式は過去1世紀余りに何回か大暴落に見舞われており、今後も同様の暴落に見舞われる可能性がないとは言い切れない。それを承知で積極的に投資しながら、将来起こり得る株式相場での下落リスクを管理する方法を見つけたいと思っている。

証券会社の取引プラットフォームを少し調べてみると、株価指数のオプション情報があることに気づき、株式ポートフォリオのヘッジ手段としてオプションが使えないか検討し始めた。彼のポートフォリオはテクノロジー株を中心とするポジションを取っていたため、QQQのETF（ナスダック100の上場投資信託）のオプションを検討することにした。証券会社に相談し、自分の口座でオプションを取引する許可を得ると、インターネットで見つけたオプションに関する無料の初心者コースを受講することにした。コールとプットを理解すると、プラットフォーム上に簡単なトレンド指標を作り、株式相場の方向性（上昇か下落か）を測ることにした。

次に、株式相場の下落リスクをどの証券でヘッジするかを決める必要があった。彼はテクニカル指標で下降相場のシグナルが点灯したらQQQのプットを成り行きで買い、上昇相場のシグナルが点灯したときにそのプットを手仕舞って、オプションのポジションは何も取らずに、積極的な投資をしているポートフォリオにヘッジをかけないことにした。

戦略を作り終えたら、彼はすぐに何かをしなければならないのだろうか。株式相場は今のところ上昇しているので、彼は何もしなかった。順調なときにヘッジをする必要はない。彼は毎日、方向性の指標を見るようにし、指標に下落転換のシグナルが点灯した瞬間に、QQQのアット・ザ・マネーのプットを買う準備をした。

全天候型投資の観点から見てみよう。ティムはリスクの存在に気づいていただろうか。気づいていた。彼はリスクが株式相場の下落という形で現れることを認識していただろうか。もちろんだ。彼はポートフォリオのほかの部分を守るために、証券を使ってリスクを減らすことにしただろうか。当然だ。彼は将来の大幅な株式相場の下落時にさらすリスク額を減らすために、自分に合う全天候型ポートフォリオを作った。

別の例を見てみよう。

ジェニファーはキャリアの終盤にさしかかっている。何年も続いた強気相場にうまく乗り、平均以上の給料とボーナスの一部を蓄えてきたので、ポートフォリオの資産額は引退を考えられるほどにまで増えた。しかし、彼女の観察によると、仕事に就いてから今までに株式相場の乱高下を何回か経験し、それによって自分のポートフォリオの価値も大きく変動した。引退を考えているが、生活費を賄う給料がなくなったあとにポートフォリオの価値が変動すると思うと、少し怖くなった。過去にポートフォリオの価値が大きく変動していたときは、仕事で成功することに忙しかったので、ほとんど気に留めなかった。しかし、引退するということは、ポートフォリオだけに頼って生活するということであり、彼女には経験のないことだった。

工学の専門知識があり、数学の知識も少しはあったので、株式相場に存在すると考えられるリスクの攻略法を探し始めた。世界中の市場を取り扱う証券会社を利用していた彼女は、相場で見られるリスクの一部を管理できることに気づいた。相場で「タイミング」を計ることができれば、含み益が非常に大きくなった銘柄を売り、その資金をMMF（マネー・マーケット・ファンド）に預けて利息を得ることができる。上昇相場では、株式にリスクをさらし続ける。下降相場では、少なくともリスクの一部を避けるために株式を売り、利息を得ながら下降相場を乗り切る。彼女のポートフォリオの大部分は大型年金制度からIRA（個人退職勘定）に移すことになるため、含み益の多い銘柄を売っても税金はかからない。彼女は退職したら、株式相場のリスクを管理し、安心できる全天候型手法を構築することに関心を持ち、そのための時間を作ろうと決めた。

彼女の手法は全天候型だっただろうか。そうだ。それは上昇相場でも下降相場でも対応できる。それは実行可能なものだろうか。可能だ。彼女は毎日、持ち株のテクニカル指標を更新する時間を取れると感じていた。IRAで節税効果はあるだろうか。ある。株の売却益に課税はされない。彼女は相場のリスクに対する懸念に焦点を合わせた全天候型戦略を構築したようだ。

さらに、もうひとつ例を挙げよう。

ベンは農家向けの小売センターを経営していて、会社は長年のうちに大きく成長した。彼の年金と課税対象のポートフォリオは金額が大きかった。彼の事業は長年にわたって農家と接する機会が多かった。彼らはいつも農作物のヘッジについて話をしていた。ベンが取引する大規模農家のなかには、自分たちが使う燃料や飼料などの商品を有利な価格で固定し、大豆やトウモロコシや豚や牛など、生産する商品の価格を固定するために先物を利用することで、商品価格の乱高下を農業経営から取り除けることを理解している人もいたようだ。

ベンは資産額が大きいポートフォリオをいくつか運用していて、これまで投資顧問からどういう銘柄に投資すべきかを推奨してもらっていた。彼にとっては時間が非常に貴重であり、ポートフォリオを管理することにまったく興味がなかったため、全天候型のコンセプトをポートフォリオにもっと取り入れるにはどうすればよいか顧問に尋ねた。

投資顧問は会社のリサーチ用プラットフォームで検索し、本書で説明した全天候型投資のコンセプトを少なくとも１つ組み込んでいるファンドを数本見つけた。そのなかから彼らが納得いくものを選び、ベンのポートフォリオ用にそのファンドを買った。これは全天候型の手法と言えるだろうか。言える。ベンのポートフォリオは時間をかけてより全天候型の銘柄に移されていった。彼はこの新しい全天候型の手法をうまく扱えるのか。もちろんだ。彼はこのプロセスで毎日すべきことはほとんどないので、事業に専念できる。

進展状況の監視

本書の「はじめに」で述べたように、技術の進歩によって投資家のすることの多くがスピードアップされ、簡素化された。モバイルアプリの登場でリアルタイムの情報もポケットに入れて持ち運べるようになり、投資対象の管理が素早くできるようになった。こうした進歩によって、長い間立ち入ることができなかったところに個人投資家も入れるようになった。

紙と鉛筆と電卓の時代から1980年代のパソコンへ、そして初期の大型コンピューターよりも高い演算能力を持つ携帯電話やタブレット端末へと、情報はますます自由に流れるようになった。そのおかげで、投資家は40年前とは比較にならないほど簡単に動いたり、判断に必要な情報を得たりできるようになった。私はコンピューターに関する知識をかなり持っているし、それを賢く使えるほどの経験も十分に積んだ。しかし、そのスキルを身に付けるために努力をしなければならなかった。データから必要な情報を見つけだし、感情の大きな揺れを経験して、ようやく感情をうまくコントロールできるようになった。

私は全天候型の各投資戦略を開発するのに何年もかかったが、そうした苦労はのちに報われた。私は健全な仕組みを作り、指標を更新し、必要であればポジションサイズを調整してから、日常生活のほかの活動に移るために毎日何をすべきかを理解していると思っている。極端に幅広い分散をし、ヘッジをし、タイミングを計り、横ばいでの戦略を駆使すれば、相場に存在するリスクの少なくとも一部は管理できると分かっている。

あなたも時間をかけて、全天候型投資のさまざまな手法をシミュレーションし、自分に最適な方法を見つけることができる。Excelのスプレッドシートは最近、とても強力だ。安いノートパソコンでも大量の計算ができる。自分で調べると、自分にとって完全な戦略に対する自信が高まる。その自信は好結果を生み出す力となって表れるだろう。

あるいは、あなたは何から始めればよいか分からないのかもしれない。テクニカル指標やポジションサイズの調整法の簡単な例を知りたければ、私のウェブサイト（https://enjoytheride.world/）に

Excel用のETRトレードツールがあり、初心者向けの例もいくつか用意している。ラーンストア（Learn Store）でいくつか確かめてもらいたい。

ほかのデータ解析法を探している人はもっと強力なソフトウェアを検討したほうがよい。世界ではより高速で強力なデータ分析法が開発され続けている。オンラインでも低価格のプログラミング講座が開かれている。私は最近、https://www.udemy.com/ でわずか15ドルでいくつか受講した。自分のペースで進めよう。簡単なプログラムをいくつか作り、少しずつ学んでいこう。

複雑である必要はない。スプレッドシートの操作法や、自分の作った指標やポジションサイズのアルゴリズムを実行するための簡単なプログラムの作り方を知るために、オリンピック選手のようなトレーニングをする必要はない。

しかし、まずは始める必要がある。

第13章
リターン・リスク・レシオを最大化する

MAXIMIZE YOUR RETURN-TO-RISK RATIO

どういう全天候型戦略を作るにしても、リターン・リスク・レシオで最適化を行うことになる。これを実現しようとするときに直面する問題は、リターン・リスク・レシオを計算するのによく使われる指標の多くに欠陥があるか、自分のポートフォリオにうまく当てはまらないことだ。まず、よく使われる指標を簡単に説明したあと、もっと良い解決策を提案しよう。

シャープレシオ

このシャープレシオは、一般的な株式ポートフォリオや機関投資家の投資に最も広く使われているレシオの１つだ。これは年率リターンをリターンの標準偏差で割ったものである。これはボラティリティをリスクとみなし、下方へのボラティリティと上方へのボラティリティを区別しない。これはバカげている。私がこれまで資金管理をした顧客で、口座資金が大きく増えたと文句を言ってきた人はだれもいない！

MARレシオ

このレシオはCAGR（年平均成長率）を最大ドローダウンで割ったものである。ドローダウンは投資家が神経質になるものなので、これがある程度理にかなっていることはよく理解できる。しかし、このレシオは１つの最大ドローダウンだけを使っている。たとえ長く続くドローダウンがほかにあっても、最大ドローダウンよりも小さいドローダウンはまったく使われない。しかし、ドローダウンが長く続くほど、投資家は我慢できなくなり、その戦略を放棄する可能性が高くなる。

リターン・平均ドローダウン・レシオ

このレシオはMARレシオの欠点を修正するものである。ある期間のCAGRを同じ期間に生じたすべてのドローダウンの平均で割る。これは役に立つかもしれないが、深刻な最大ドローダウンが投資家心理に与える影響を考慮していない。最大ドローダウンを被っている間、投資家は最もストレスを受ける。

トレイナーレシオ

このレシオはシャープレシオに似ているが、ポートフォリオの標準偏差ではなく、適切な指数（ベータ）に対するポートフォリオの相対的な動きを使う。選ぶベンチマークによってポートフォリオのベータもさまざまに変わるため、トレイナーレシオの値も変わる。ベンチマークにする指数を人為的に選ぶことでベータが変えられることから、私はトレイナーレシオを使うことを好まない。それは操作につながるからだ。

ソルティノレシオ

これはリサーチ用プラットフォームによく入っているリターン・リスク・レシオであり、私が気に入っているものだ。このレシオはシャープレシオと同じ考え方から出発し、リターンの標準偏差をリスクと定義する。そして、計算方法を変え、ポートフォリオの測定期間中に生じた下方リターンの標準偏差だけをリスクと捉える。これは投資家やトレーダーがリスクとみなすものに近づいている。しかし、リスクが高かった期間の長さは考慮していない。

より意味のあるリターン・リスク・レシオ——ETRコンフォートレシオ

私は顧客や自分の資金を運用しながら、エクイティーカーブ（純資産曲線）の変動がいかに人の心理に影響を及ぼし、投資プロセスを修正したり台無しにしたりしてしまうかについて、多くのことを学んだ。長期のCAGRが素晴らしく、パフォーマンスは輝かしいが、ドローダウンが50％もある戦略が投資家に売られているのを見ると、いつも驚く。長期の業績がいかに良くても、ポートフォリオの純資産が50％も減ると、どんな人でも普通はその戦略を維持できない。ほとんどの人はドローダウンが15～20％以上になると、その時期を乗り切ることさえできない！

では、顧客やトレーダーがパフォーマンスのせいで戦略を放棄する原因は何だろうか。私は２つの異なる要因があると思う。それは快適さ（コンフォート）の閾値（スレッショルド）を超えたドローダウンの大きさと、それが続いた期間である。５％の下落で動揺する投資家はほとんどいないだろうが、それが数年続くと我慢できなくなる。一方、短期でも30％も急落すると、多くの投資家はすぐに投資計画を放棄するかもしれない。

私が思うに、トレーダーやその顧客はやるべきことをやり続けるために快適さを必要としている。不快さの限度を超えると、彼らはすぐに別の素晴らしいアイデアに乗り換える。

私は工学の学位を持っているので、リターン・リスク・レシオを計算する別の視点を思いついた。積分学の概念を使って、下落期間の大きさとその期間の長さがもたらす不快さの程度を表す簡単な尺度を作ることにした。プラスの側では、エクイティーカーブの新高値の期間はとても気分が良く、トレーダーは快適になる。私の顧客で、新高値を更新して文句を言う人は１人もいなかった。私はそれをレシオに発展させた。

ETRコンフォートレシオ＝快適さの総量÷不快さの総量

では、どの程度の下方リターンで不快さが引き起こされるのか（ドローダウン・リターン・スレッシュホールド）と、ドローダウンがどれくらい続くと不快さを感じるか（ドローダウン・タイム・スレッシュホールド）を計るパラメーターがいくつか必要になる。ほとんどの投資家が自分のやっていることを変えようと考えるには、少なくとも10％下落するか、ドローダウンが６カ月続く必要があるだろう。

「不快さの総量」とは、選んだ閾値を下回るドローダウンが続いた各期間におけるドローダウンの大きさを合計したものである。閾値を下回るとすぐに、ポートフォリオが新高値まで回復して快適な水準に戻るまで、各期間のドローダウンの値を合計し始める。

「快適さの総量」は「不快さの総量」の逆になる。新高値まで回復し、そこから純資産が上昇するたびに、そのサージを記録する。サージとは、現在の上昇が直近のドローダウンの最後から何％上げたかを示したものだ。次のドローダウンの閾値を下回るまで、すべての期間のサージを合計していく。閾値を下回った時点で、再び現在のドローダウンを「不快さの総量」に足していく。快適さの総量とは要するに、快適な期間の長さと大きさのことだ。ポートフォリオの利益が増えて、サージの期間が長くなるほど、快適さの総量は大きくなる。

ETRコンフォートレシオは快適さの総量と不快さの総量の単純なレシオだ。

簡単な例――Ｔビル

Ｔビル（米国短期国債）は金融界において、「無リスク金利」として計算に使われている。非常に短期のＴビルではドローダウンの期間がゼロかゼロに近いとすると、ほぼ毎日、新高値を更新して快適な日になる。下落する日はほとんどないため、ドローダウンの合計はゼロに近くなる。

ＴビルのETRコンフォートレシオ＝増える正の数÷０＝無限大

言い換えると、ＴビルのETRコンフォートレシオは極めて高い。

S&P500を使った別の例

数年前に行った研究で、私は1993年から20年以上に及ぶS&P500の月次データを取り出した。そして、S&P500のバイ・アンド・ホールド戦略とタイミングを計る戦略の月次ETRコンフォートレシオを計算する簡単なスプレッドシートを作った。

図表39を見ると、1993年から2002年までETRコンフォートレシ

図表38　当初資金1000ドルでS&P500でタイミングを計る戦略とS&P500のバイ・アンド・ホールド戦略の比較（VAMI、月次収益指数）

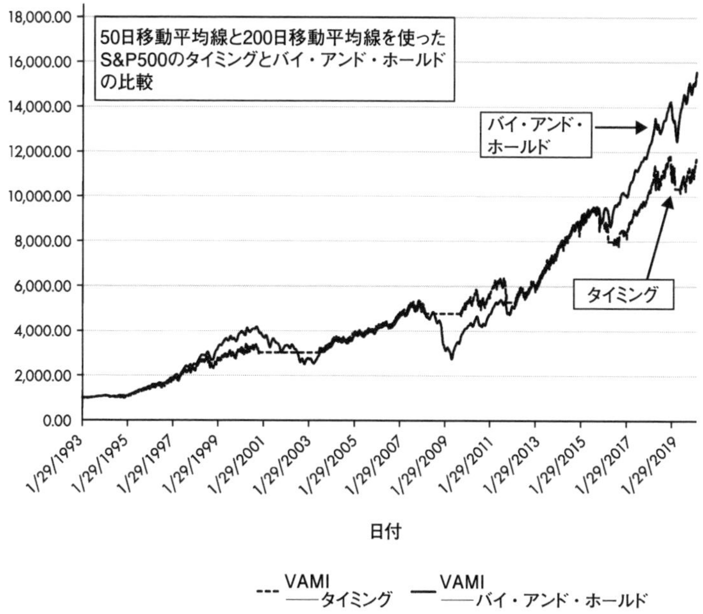

図表39　S&P500のETRコンフォートレシオ――タイミングとバイ・アンド・ホールドでの比較

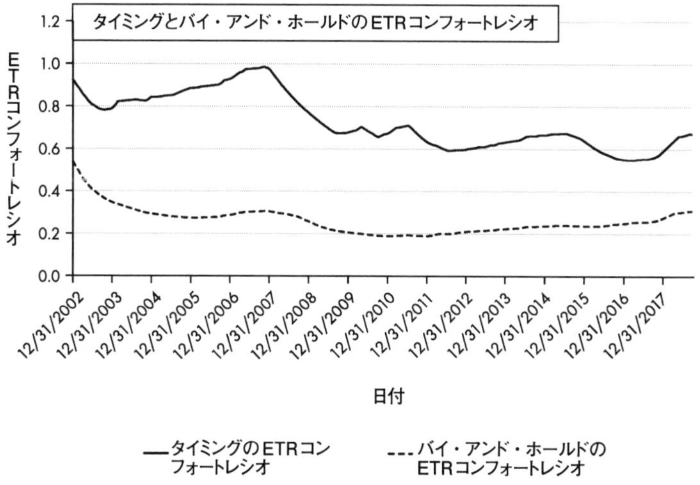

オを初期化したあと、2019年の最後のデータまでこの指数は0.2～0.6の間にとどまっていることが分かる。このレシオの妥当な値を計算するには、快適な期間と不快な期間の両方が必要になる。快適な期間だけしか使わなければ、Tビルと同じ状況になり、ETRコンフォートレシオは無限大になる。不快な期間だけを測った場合、レシオはゼロになり、測定された全期間にわたって投資対象に不快さを感じていたと言っているのに等しくなる。1993年から2002年までの期間はETRコンフォートレシオを初期化するために使った。

このレシオが高いほど、投資対象に快適さを感じる。2008年の弱気相場では、バイ・アンド・ホールドの手法を用いると極端なドローダウンに陥った。しかし、タイミングを計る手法が最大ドローダウンに陥ったのは2017年だった。2016年以降、これら両手法のコンフォートレシオは最近の強気相場に伴って着実に高くなっている。

注目すべき重要な点は、コンフォートレシオはバイ・アンド・ホールドの場合よりも、タイミングを計る場合のほうが長期にわたって大きく上回っていることである。たまに50％のドローダウンに見舞われる従来の「バイ・アンド・プレイ（買って祈る）」戦略よりも、タイミングを計る戦略のほうが当然ながら長期的に落ち着いて投資できる。全天候型戦略にタイミングを計る手法を取り入れると、ETRコンフォートレシオの水準を高めるのに役立つ。

第14章 よくある間違いを避ける

AVOIDING THE COMMON MISTAKES

相場は投資家のことなどまったく関心がない。たった１回の損失であなたのポートフォリオがすべて吹き飛んでも気にしない。また、あなたの資産が大きく変動しても気にしないし、相場が大暴落してあなたのポートフォリオに何の影響がなかったとしても無関心である。あなたがどういうトレードをしようと、強気相場と弱気相場は買い手と売り手のシーソーゲームという形で存在し続ける。

もちろん、強気相場が長く続いているときに、買っている株に心を乱される投資家はいないだろう。しかし、強気相場は永遠には続かない。どんな相場でも厳しい時期は必ず訪れるので、予期しないドローダウンから身を守ることが大切である。

人生の非常に多くの場面で、人はちょっと動揺しただけで、続けていたことをやめてしまう。しかし、そんなときこそ失敗から学んで、自分の今までの行動を改善することができる。たとえ困難にぶつかって間違った判断をしても、学び続け、失敗を少しずつ減らしていくための原動力にできるのだ。

多くの個人投資家、特に投資初心者は判断を何回か間違えただけで、トレードを完全にやめてしまう。周囲に投資同好会でもなければ、こうした失敗を克服するのは難しいかもしれない。しかし、考え方を少し変えるだけでうまくいくこともある。

ゴルフのティーショットで失敗したときを思い出してほしい。フェアウエーを狙ったのに、スライスしてラフに入ってしまった。どうする？　クラブのヒールを柔らかい芝生に叩きつけたい気分だろう。でも、そうはしないだろう。小声でぶつぶつ言ったあとは、ゴルフバッグのところに戻り、どうすればうまくできたかを分析するだろう。

これのどこが最も良いのだろうか。まだ解決法があるところである。ボールとピンフラッグの間にゴルフカートぐらい大きな木の幹があったとしても、ボールをフェアウエーに向かって打ち、そこからプレーをする方法はまだある。理想的な状況ではなくても、まだやれることはあるのだ。

あなたはボールをラフに置きっぱなしにして、ゴルフをやめたりしないだろう。ミスショットをしたら、クラブをカートの後ろに置いてそのまま歩いて帰るだろうか。そんなことはしない。立ち直ろうとして、次のホールではもっとうまくやろうと自分に言い聞かせるはずだ。投資でも同じようにすべきである。

トレード中に判断を誤ることはある。特に、価格や相場がかつてないほどの速さで動いている現在、それは避けられない。すべての動きが遅かった1970年代や1980年代には、何も調べずに投資の世界に飛び込むのは普通ではなかった。また、そうすることもできなかった。当時は受話器を取り、ファイナンシャルアドバイザーや証券会社に電話をして現在の価格を聞き、返事の電話を待って次の行動を決めていた。新しい投資を始めるのに丸１日かかることもあった。自分の決断をじっくりと考える時間もあった。

今日では、携帯電話の画面を押すだけで、トレードができる。経験の浅いトレーダーにとって、これはトラブルにつながる可能性が大いにある。

完全な戦略がない

私はソーシャルメディアで、「XYZ株をＸドルで買って、今Ｙドルまで上げています。どうしたらよいでしょうか」といったメッセージを時折受け取る。これは間違いなくトレード戦略ではない。第

４章のフローチャートのボックスすべてに取り組んでいなければ、あなたは不完全な戦略しか持っていない。これは、上昇相場、下降相場、横ばい相場で何をするかを考え抜いていないということだ。ポジションサイズを調整するルールを作っていない。緊急時の対応策がない。おそらく、この戦略をどうやって完璧に実行するつもりなのか、きちんと考えていない。こうしたことが１つでもあれば、計画は狂ってしまう。完全な戦略を立てて、それを完璧に実行すれば、思いがけないことが起きても、それほどストレスを感じないだろう。念のため、私の完全なトレード戦略の考えを示した**図表９**を再度掲載しておく。

図表９の各ボックスを検討し、「トレードのこの側面を考えただろうか」と自問してみてほしい。考えていなかったら、考えて計画を立てよう。私が出会ったトレーダーで苦戦している人はたいてい、**図表９**のどこかに対処していない。

ポジションを適切に調整していない

ポジションサイズの適切な調整法については、本書の第10章すべてを費やして説明したし、『**トレードで成功するための「聖杯」はポジションサイズ**』（パンローリング）という本も１冊書いているので、ここでは繰り返さない。この章ではよくある間違いを避ける方法について説明する。私が目にするトレーダーのよくある間違いの１つは、投資ごとにポジションサイズを決めて管理するための一貫した論理的な方法を持っていないことだ。

「この株は大きく上げそうだから、もっと買っておこう」というポジションサイズの決め方は、トレードで成功する方法ではない。

図表9　完全なトレード戦略

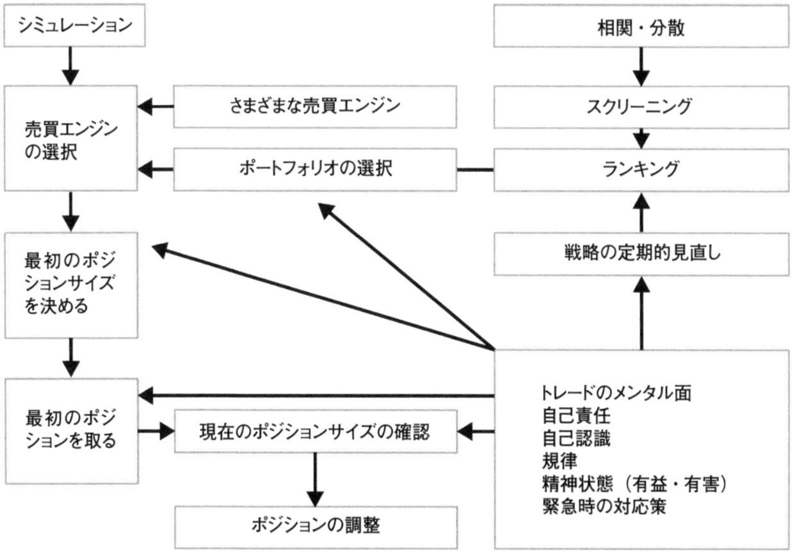

確かに、それが当たって大勝することもあるだろう。しかし、そのやり方で1000回トレードをしていれば、途中で何回かひどい目に遭うだろう。そして、それらによってポートフォリオは大きな打撃を被るだろう。

逆の場合もある。ある銘柄について下調べをし、適切な株数である1000株を買おうとした。しかし、「今の相場は少し高すぎるようだし、インフレになったらこの会社が好業績を維持できるか分からない」というささやきが聞こえてくる。結局、500株だけ買おうと自分に言い聞かせたが、それがその年の最高の投資だった。「通常」の半分の株数しか買わなかったため、ポートフォリオではこのポジションで十分な利益を得られなかった。そして、「分別があった」

せいで、単純なトレード戦略に従わなかった自分を責めることになる。私にはこの経験がある。そして、これはトレードの心理にとって有益ではない。

ポジションサイズを決めるには一貫した方法が必要だ。もしそれを持っていないのならば、第10章に再度戻って、読み返してほしい。このよくある間違いを避けるのは簡単である。ナイキの有名なスローガンにあるように、「とにかく、やってみよう！」だ。

分散していない

投資家は異なる市場への分散を無視しがちだ。別の市場を調べて、戦略を立て、実際にトレードを実行するには多くの時間と労力が必要になるからである。本書を執筆している時点で、私は20のETF（上場投資信託）、31の先物市場、９つの異なる戦略による株価指数のオプションスプレッドのトレードを行い、50以上のポジションを取っている。24時間先までの注文をすべて更新するのに、毎日40～80分かかる。私は長年トレードをしているので、その点で有利なのは認めよう。しかし、株式ポートフォリオを管理する決まった手順を身に付けている人ならば、マイクロ先物の一部を見て、それに向いた別の戦略を立てることもできると思う。指数のオプションスプレッドを、週足を見て売るという方法も考えられる。

一晩で何十もの戦略を駆使して50の市場でトレードをする必要がある、と言うつもりはない。コンピューターのパワーを高める必要があるだろうし、相当な時間もかかるだろう。しかし、どんなトレーダーでももっと分散することを検討してほしい。成長株ポートフォリオに成長株をもう１銘柄加えるという話をしているのではない。

株式相場全般がマイナス50％という弱気相場に突入していたら、それで全天候型の効果を得るのは難しい。

貴金属セクターのETFを選んでもよい。指標でタイミングを計って、下落局面でのみヘッジをするという戦略も考えられる。あるいは、株式市場とはまったく無関係のマイクロ先物から５つを極端に幅広く分散して選び、単純な指標とポジションサイズのアルゴリズムを利用してトレードをして、経験を積む方法もある。ポートフォリオがお決まりのパターンだからと言って、飽きないようにしてほしい。トレードとはそういうものだからだ。私はトレードを50年近くやってきて、先物のトレードは個別株のトレードよりも多くの点で簡単だと思う。

このシンプルな例として、異なるセクターのETFを用いる方法がある。ETFは取引所取引なので投資しやすく、１回のトレードで複数の銘柄に分散できる。さらに一歩進めて、相関がない市場のETFに資金を振り分けると、ある程度の分散が実現する。あるセクターが暴落すれば多少は痛手を受けるかもしれないが、トレードは続けられる。

リスクを分散する考えについては、第７章の「極端に幅広い分散」を読み直してほしい。

今、何をトレードしているかを確かめて、「ポートフォリオを分散して、もっと全天候型にするために、ほかに何が使えるだろうか」と自問するだけで、分散していないというミスを防ぐことができる。

強気相場と能力を混同する

強気相場で勝ったことを自分の能力によるものだと勘違いする人

がいる。だから、自分の戦略を監視し調整し続けるときには、強気相場が危険になることを忘れないでほしい。強気相場と自分の相場能力を混同しないようにしてほしい。トレンドから目を離さず、感情やうぬぼれに影響されないようにしよう。

2008～2009年の暴落以降の14年間、株式相場は非常に堅調だった。新型コロナウイルスの蔓延は株価に少ししか影響せず、短期間に約35％下落したあと、再び史上最高値を付けた。それ以来、2021年末まで急上昇を続けたため、付いていくのが大変だった。2021年末時点で株式トレードをしていた人たちはみんな利益を上げていて、自分はトレードで正しいことをしていたと主張できる。

しかし、2022年は弱気相場になった。テレビに登場する評論家たちはすぐに、株式相場がどこまで上げるかという予測から、弱気相場がどこで底を打つかという予測に話題を切り替えた。

ポートフォリオで利益が増えていくのは非常に気持ちが良いが、相場は政府の規制や世界的なニュースが発表されるだけで、完全に反転する可能性があることを忘れてはならない。保証されているものなど何もないことを自覚しておくことが大切である。相場は好きなように動く。このことを理解していれば、リスクを無視することもリスクに振り回されることもなく、自分の力量に合わせてリスクに立ち向かうことができる。

少額の資金で始める

私は世界中のトレーダーと話をするが、運用資金がわずかな人もいれば、何百万ドルもある人もいる。間違いなく、資金が多いほうが全天候型戦略に合わせやすい。資金が少ないと、投資額に占める費用の比率が高くなり、銘柄や戦略や市場や期間による分散がしにくくなる。そのため、資金が少ないと、ポートフォリオのリターンは常に粗さが目立ち、不安定で、予測しにくくなり、リスクも高くなる。

あまり好きではない仕事に就いているせいでトレードにのめり込み、フルタイムでトレードをしたいと思っているが、それを実現するだけの資金がないということがよくある。そういう人から、「フルタイムのトレーダーになるにはどうしたらよいですか」と尋ねられる。私は、当面は余分な資金をできるだけ取引口座に入れることに専念してはどうかと提案する。本書で私が言っていることの多くは、ポートフォリオで運用する資金が多いほうが容易になる。だから、それを優先してほしい。

自分が何をしているかよく分かっていない

トレーダーは新しいオプションや証券を使った素晴らしそうなアイデアを目にすると、すぐに飛びつこうとする。どういう仕組みなのかもよく理解していないのに、それを採用してしまう。その結果、リスクに対応できずに損失を被り、最悪の事態に陥ることもある。私は新しい投資戦略になりそうなものを見つけると、まず資料をできるだけたくさん読んで検証してから、極めて小さなポジションから始める。理解していたとおりのことが起きれば、投資額を増やしたり、戦略を十分に利用したりできる。先物やオプションのような新しい投資対象を分散に利用するときには、事前によく調べよう。

費用を考えていない

どんな取引戦略でも、実行するにはさまざまな費用がかかる。売買手数料が真っ先に思い浮かぶが、株式の分野では手数料をゼロにした証券会社もある。それでも、すべての投資対象にはビッド（買い気配値）とアスク（売り気配値）のスプレッドがあり、長くトレードをしていればかなりの費用になる。流動性が高い銘柄に投資すれば、ビッドとアスクのスプレッドによる費用を最小限に抑えやすいので、流動性の高いものを選別するほうがよい。

通常の課税口座で売買すれば、利益に課税される可能性が高い。トレードで利益が出た場合は、ポートフォリオの一部を納税用に分けておこう。

自分のポートフォリオと他人のポートフォリオを比べる

戦略をどう変更し、実行するかは人それぞれである。投資する市場や使う戦略は実生活の状況次第で変わる。状況は投資家によって異なるため、戦略プランをどう実行するかも人によって異なることを忘れてはならない。

自分の状況に合ったプランを実行しよう。自分のリスク許容度を知り、それを念頭に置いて投資しよう。周りの人を見て、何をやっているのだろうと思わないことだ。隣人がこの四半期は大儲けしたと言っても、彼の戦略を尋ねてまねをしようとしてはならない。なぜか。第一に、相場はすぐに変わるからだ。第二に、彼の戦略はあなたやあなたの状況には合わない可能性が高いからである。

逆に、その隣人が長く苦しんでいる一方で、あなたのポートフォリオが史上最高値を更新している場合にも同じことが言える。あなたが全天候型トレードの手法でトレードを長く続けられて成功したときに、この本や哲学をその人に教えたと知ったら、私はとてもうれしい。しかし、短期的には目立たないようにして、自分のポートフォリオに集中し続け、他人が何をしていようと気にしないことである。

ソーシャルメディアでは、自分の買っている銘柄や大儲けしている戦略、XYZ株で来週何が起きるかという予測など、あらゆることについて何千人ものトレーダーが話をしている。しかし、それらはあなたが綿密に練ったトレードプランとは何の関係もない！　自分のプランを完璧に実行しよう！　自分のプランに関係ない情報に気を取られないようにしよう。

自分のスケジュールや取り組み方を考慮しない

自分のスケジュールも考慮すべきである。完全な全天候型戦略を立てるために、どれだけの時間を取れるだろうか。戦略を実行するために毎日か毎週、どれだけ時間を割けるだろうか。世話をしなければならない家族がいるだろうか、それとも子供たちはもう巣立っているのだろうか。フルタイムの仕事に就いていて、あまり自由がきかないだろうか。出張が多くて、しょっちゅう予定が変わるだろうか。

戦略によっては時間がかかったり、頻繁に監視する必要があったりする。仕事で２週間ほど海外に滞在する場合や、呼ばれたらすぐに病気の子供を学校に迎えに行く必要がある場合は、使わないほうがよいトレード戦略がある。私生活やすべき重要なことの妨げになる手法は使わないほうがよい。

時間がない人ほど、長期的で手間がかからない戦略を用いる必要がある。細かいところまでかかわりたくて、その時間もある人ほど、短期的な投資戦略に集中したほうがよい。経験が豊富なほど、ボラティリティが高くなっても対応できる。経験が少ないほど、ボラティリティが低い方法を選んだほうがよい。どういう全天候型トレーダーかによって、正解は異なる。成功への最善の道は、することを自分に合わせて手直しすることである。

トレードを頻繁にしたくて、割ける時間や確実に空けられる日がある人は、デイトレードを検討してもよいかもしれない。トレード１回当たりのリスクは小さく、リターンは複利で得られるし、何百万ドルもの資金は必要ない。こんなプランにぴったりで、好結果を出せるだけの集中力があり、デイトレーダーの生活に向いている人は、私の周りにはほとんどいない。

私が出会うトレーダーの多くは本業を持っていて、割ける時間があまりなく、家族の世話をする必要があり、自分のしていることについて詳しくは知らない。トレードには生活状況、配偶者の有無、短期や長期の計画など、多くの変数に影響される。こうした重要な要素を考慮しないトレーダーはたいてい高くつく失敗をして、挫折する。

自分の生活や、トレードにどこまで本気で取り組めるかを率直に振り返ってみよう。信じてほしい。私生活がどれほど危機的状況でも、個人的にやるべきことがいかに多くても、市場は気にかけない。日が昇って沈むように、市場は毎日同じ時間に始まって、同じ時間に終わる。市場はあなたが良い日を過ごしているか大変な日を過ごしているかなんて、まったく知らない。自分にとっての典型的な1日や1週間を想定して、実行できる戦略を立てよう。一貫性を持って実行することができないと分かっているのなら、その方法ではトレードをしないようにしよう。

一貫性のなさ

「いったんセットしたら、あとは放っておこう」。これは投資業界でも見かける表現だ。医師や弁護士や経営者のような多忙な専門家を思い浮かべてほしい。彼らは職業柄、相場の変動に注意を払う時間がほとんどない。そのため、彼らは専門家に手伝ってもらう代わりに少額の手数料を支払う。彼らはポートフォリオで好結果を得るために相場に十分な注意を払うことはできないと自覚している。予定が詰まっているため、常に時間どおりに動けるわけではないと分かっている。そのため人を雇い、時間をかけてポートフォリオで戦略を実行してもらっている。

トレード戦略を常に把握しておくためには、一貫した作業が必要になる。きつい仕事でなくても、集中力を失って一貫性を欠くようになることがある。だれでもこうなる可能性がある。自分で管理するには、一貫して続ける必要がある。そうすれば、良い結果が得られる。これは人生のいろんな分野でも言えることだ。

例えば、運動はしたほうがよい。週に3回、20～30分の有酸素運動をする時間を見つけられたら、健康に素晴らしい効果がある。最初は体が痛くなって疲れるかもしれない。しかし、決めたことを続けていればもっと健康になって、努力が報われる。しかし、トレーニングをさぼり出すと、また元の体に戻ってしまい、挫折するかもしれない。

トレード戦略の管理も同じだ。丸１日かける必要はない。休暇で南シナ海のクルーズ船に乗っていたとしても（一度乗ったことがあるが、お勧めはしない）、今日の大引け後から明日の寄り付きまでに、私がいつもしているように40～80分を見つけることはできる。私はデータを入力し、より自動化した戦略を処理し、自動化していない戦略の損切り注文を動かす。この処理を終えたら、24時間後まで何もしなくてよい。運動の場合と同じだ。毎日していれば速くできるようになり、効率的な方法も見つかる。コンピューターで少し自動化し、スプレッドシートを使えば、データをもっと速く更新できるかもしれない。

決めたとおりにすること。そうしないと、トレードに混乱が生じ、信頼性が落ちる。また、挫折する可能性も高くなる。まず、物事を計画する当初から一貫性を持たせるように努力すれば、ほかの多くのトレーダーよりも一歩先を行くことができる、

メンタルリハーサルをしていない

全天候型トレーダーであるためには、大きな損失を避けながらリスクに立ち向かおうとすることが必要だが、それでもよくある間違いを犯して、望ましくない結果を招くことがある。全天候型投資とは手順をきちんと踏むことである。それは、戦略を立て、調査し、分散し、実行することだ。第４章で紹介した売買エンジンは引き出しにしまって忘れてよいツールではない。それらは本来の目的のために用意しておき、一貫性を持って使うべきものである。

指標で買いシグナルが点灯したら、その指示に従おう。売り手仕

舞いのシグナルが点灯したが、事前に手仕舞い注文を置いていない場合は、すぐに手仕舞おう。考えすぎてはならない。感情は設定した指標の値を忘れさせようとする。しかし、それではわざわざ売買エンジンを選んだ意味がなくなってしまう。

以前に述べたポジションサイズの調整という概念はどうだろう。それはあなたを助けるためにある。使おう。相場で直面する可能性があるあらゆるシナリオを想定し、トレードプランを完璧に実行しているところを頭でイメージしよう。自分が優れたトレーダーになったつもりで、感情を交えずに楽に動いて、ポジションサイズを計算し、注文を送信しているところを想像しよう。あせらず、興奮せず、ミスをしないように。

全天候型手法の利点の１つは、ストレスを減らすことだということを思い出してほしい。

決めていた戦略が何かをするように指示したら、行動するときだ。スプレッドシートやトレード用のプラットフォームを使って、さまざまな状況に直面したときにすることを頭でリハーサルし、そのとおりに動こう。

緊急時の対応策がない

人生には計画を狂わせる出来事が付き物だ。トレードは順調で、平穏な日だったのに、インターネットの接続が突然切れたり、停電したりする。あるいは、証券会社のプラットフォームにログインできなかったりする。または、世界的な出来事のせいで相場が混乱したため、証券会社が必要証拠金を３倍に引き上げることもある。こうしたことは珍しくないが、多くのトレーダーはトレードプランを作るときに、これらを考慮していない。

不測の事態に備えよう。バックアップを用意しておこう。私は夏になると、アリゾナの山間部に避暑に行くが、そこで掘削機が誤って光ファイバーの回線を切断し、インターネットに接続できなくなった。私はインターネットのバックアップに３重のプランを用意している。まず、偶然知ったのだが、全国展開をしているある食料品店では、財務上重要なレジ業務と在庫システムのために専用のインターネット回線を導入しなければならなかった。彼らは地元で一般に利用されているインターネットには接続していないのだ。その店にはカフェがあり、ランチを食べたりコーヒーを飲んだりすることができる。私の利用しているインターネット回線が復旧しなかったら、そこに行って、彼らのインターネットシステムを使って、ノートパソコンでトレードをしようと計画を立てた。

２つ目のバックアップはスマホをWi-Fiホットスポットに設定することだ。旅行中にインターネットに接続できないか、接続が悪くてイライラすることがある。インターネットは使えないがスマホは使える場合、私はスマホをホットスポットに設定して、スマホからインターネットに接続し、ノートパソコンでトレードをする。掘削機による事故の場合は電話サービスも切断されたため、この選択肢を利用できなかった！

避暑地での３つ目のバックアップは、90分先のスコッツデールに向かうことである。そこならインターネットの接続も快適で、掘削機にょる被害もないだろう。

では、これらのことを事前に考えて、計画を立てておくのは面倒ではないのだろうか。もちろん、面倒である。しかし、その日は緊急時の対応策があり、それを実行に移す用意ができていたので、ストレスを感じることがなかった。結局、光回線は12時間後には修理されたので、通常よりは少し遅れたが、いつものように仕事を終えることができた。

重要なのは、緊急時の対応策を作らずに、障害にぶつかってから物事に対処しようとしてはならないということだ。いつもの手順が妨げられる事態を想像してみよう。そんなことが起きた場合にどうするかを考え、緊急対応策を実行するところを頭でリハーサルしておくのだ。そうすれば、実際に代替プランを実行する必要に迫られても、あまりストレスを感じないはずだ。

忙しさを言い訳にしない

時間をかけるということに関しては、もうひとつ考えなければならない要素がある。それは、何かを始めるときに、忙しさを言い訳にしないということだ。あなたの周りに、「すべきだったこと」や、「やり始めたいが、まだ手をつけていないこと」についていつも話している人はいないだろうか。

今すぐ、始めよう。何か新しいことを始めるのに完璧な時期など来ない。とにかく実行してみるに限る。調べ始めよう。どの市場に最も興味を引かれるのか、その市場に焦点を合わせて負担にならないか考えよう。先延ばしにしても、証券を保有するか、しないかで生じる心理的プレッシャーが強くなるだけだ。それは対処しなければならないもう１つのストレス要因の１つにすぎない。

日常生活の典型的なことのせいで、先延ばしにしてはならない。今、自分がどの地点にいるのかを調べ始めよう。成功するトレード戦略の一部をすでに持っているのかや、手に入れる必要がある戦略はないかを把握するところから始めよう。今手元にある資金を調べ、どうやって取引口座にもっと資金を移せるかを考えよう。戦略を立てて実行する時間がどれくらいあるかを考えよう。今日からその作業を始めよう。

第15章
全天候型投資と未来

All-Weather Investing and the Future

投資家はいつも次の大きなトレンドを探している。プロもアマも同じである。だれでも可能なかぎり低リスクで最大の利益を得られそうな唯一の戦略を探し続けている。

投資でカギを握るのは感情である。この感情に投資家は支配される。新しくてもっと良いトレンドに乗り損ねて、利益を逃すのではないかという恐れ（FOMO。Fear Of Missing Out）に支配されるのだ。そのせいで、あまりにも多くの投資家が安全なところに資金を置いていながら、結局は新しくて輝くものの誘惑に負けてしまう。2020年初頭の暗号資産を例にとってみよう。2020年以前は、投資ツールとしての暗号資産と言えばビットコインだけで、インフレヘッジのための金（ゴールド）のような商品として使われていた。

それ以来、新しい暗号資産が記録的な速さで市場に出回り、価格も高騰した。しかし、登場して暴落した暗号通貨もたくさんある。結局のところ、同じ市場の何千もの暗号資産がすべて価値を高めることなどあり得ない。さらに重要なのは、乱高下のせいで億万長者になった投資家もいれば、極めて短期間ですべてを失った投資家もいることだ。

全天候型トレーダーになるということは、もっと安定した長期的な投資方法を考えるということである。自分のトレードプランを堅持し、今日の投資家に勧められているようなはやりの投資対象を避けよう。暗号資産への投資が悪いというわけではない。それで利益を上げることもできるからだ。私は過去２年間、暗号資産のマイクロ先物で素晴らしい利益を上げた。しかし、ポートフォリオでの配分を大きくしすぎたり、リスクなしで大儲けできると考えたりするのは間違いだ。

将来の新しい投資機会はじっくりと調べることが重要である。だからといって、投資の世界の定番が安全というわけではない。2022年の債券利回りと債券市場でのリターンを見てみよう。インフレと戦うために、FRB（連邦準備制度理事会）は金利を引き上げたが、債券利回りはインフレに見合う水準にすら達していない。債券は安全だと言われて、そこに資金を注ぎ込んだ投資家は、実際には徐々に正味資産を失っている。一般的に安全な投資対象と考えられている債券も、実はリスクがないわけではない。

株式も同じ問題を抱えている。株価は過大評価され、ますます乱高下するようになっている。ハイテク株を追いかける個人投資家は短期的には利益を得られるかもしれないが、長期的には未知で備えがない高いリスクも存在する。ほとんどの投資家は歴史上何回もあった50％もの下降相場に再び襲われたとき、どうすればよいか分からない。バイ・アンド・ホールドでは失望を味わうだろう。

投資家にとってこれほどリスクの高い時代はなかった。強気相場も弱気相場も永遠に続くわけではない。株価がこの先ずっと毎年５～10％上昇し続けると思うならば、指数連動型ファンドを買って着実な上昇を楽しめばよい。しかし、リスクはどちら側にも働く。全天候型トレーダーはマイナスのリスクに立ち向かい、それを管理し続けるために最善を尽くす。同時に、そのリスクを引き受けて、ポートフォリオにとってプラスになる方法を考える。

忘れないようにしてほしい。目標は損失をもたらすリスクを減らして、利益を生むリスクを増やすことだ。

混乱をもたらす出来事はいつでもある。政府の１回の動きや１つのニュースでも、相場がポートフォリオに打撃を与える方向に動くこともある。そんな出来事からポートフォリオを守るのがあなたの仕事である。

将来のリスクを判断する

将来、先が見通せない混沌とした状況に直面することもあるだろう。それは避けられない。人々はそれを避けようとする。しかし、そういう状況にあまり出遭わないようにと願っても、それがなくなることはない。むしろ、時代が進むにつれて、混沌とした相場はいっそう頻繁に生じているように見える。

人によってリスクの意味は異なることを知っておくことが重要である。第１に、短期の変動リスクがある。人が最初に思い浮かべるのはこのリスクで、人は相場がある方向に動いた場合、短期的にどれだけ損するかを心配する。これは日々対処するうえで重要なリスクだが、長期のリスクについてはどうだろうか。

1970年代や1980年代前半のように、債券で10年間も損をし続けたら、どうするのだろうか？

大恐慌のときのように株価が90％下げたら、どうする？

2008年のように株価が60％下げたあと、2009年のように回復しなかったら、どうする？

株式60％・債券40％の戦略（ファイナンシャルアドバイザーのお気に入り）がまったくうまくいかないとしたら、どうする？

こうした長期的なリスクに関心がある人は、短期のボラティリティには関心がない。彼らは良くも悪くも短期的な結果よりも長く生き残ることを考える。結局、全天候型トレーダーが投資をするのは、ほかの人が近づきたがらないリスクやボラティリティを受け入れて、その見返りにポートフォリオで利益を上げるためだ。

ポートフォリオの今後について検討し始めるときには、このことを考慮してほしい。リスクを避けるというのは、通常の相場で生じる日次、週次、四半期での浮き沈みを避けるということではない。そうするのは、大打撃にはならないランダムなノイズを心配することに等しい。避けるべきなのは、自分の長期的な計画に対するリスクである。

全天候型の手法さえ作っておけば、将来必ず直面する変化や動きに伴うリスクをある程度ヘッジできる。非常に長い期間使い続けられる総合戦略を作っておけば、どんなに混沌とした状況でも生き残ることができる。周りがパニックに陥っても、自分にはプランがあると安心できる。混沌とした状況やそれにどう対応するのか、すでに精神的に準備ができていて、自分のプランを完璧に実行し続けている。

2020年の春に新型コロナウイルスが蔓延し、パニックから株価が下落し、ほかの多くの市場も極めて大きく変動した。その期間、多くのCTA（商品投資顧問業者）はトレードをやめてしまった。こうした動きは常軌を逸していると感じ、株はあっという間に無価値になっていくように思えたからだ。国債は多くの人にとって安全な逃避先として好まれていた。株式相場は30％以上も急落した。

私は自分の戦略を貫いた。持ち株はヘッジしていた。パラジウムの先物と原油先物の売りで持ち株の損失を食い止めていた。原油価格は結局、マイナスになった。それらは極めて長期間に１回しかない大きな値動きだった。私はそのすべてに参加し、ポートフォリオの純資産が急拡大するのを見ていた。適切な場合にはポジションの一部を手仕舞って、リスクにさらす資金を管理したので、記録的なボラティリティでも、毎日冷静さを保つことができた。

次にソーシャルメディアで聞かれた悩みは、「今が底なのだろうか」と、「まだ買い時ではない。下値を試すまで待とう」だった。ただ、これらの予測には問題があった。このときには下値を試す動きはまったくなかった。相場は動きたいように動く。下落局面で恐れて相場から逃げたトレーダーたちは急激な上昇を逃したことに苦悩していた。私はこの記録的なボラティリティが生じていた間、毎日変わらず全天候型のプロセスを実行した。株に対するヘッジは外れて、セクター別ETFに新たな買いシグナルがたくさん点灯した。私は株をかなりの比重で買い持ちし、先物のポジションの多くをドテンした。

その結果、100％を超えるリターンが得られ、人生で最も利益を上げた年になった。私は自慢をするためにこの話をしているのではない。特別なことをしたわけでも、毎日の退屈な作業以外に何か違うことをしたわけでもないからだ。新型コロナウイルスが世界にもたらす混乱を予測したわけでもない。ワクチンの開発にどれだけの時間がかかるかも、相場があらゆるニュースにどう反応するかも予測できなかった。

私の例から学ぶことができるのは、混沌とした時期にどうするかをよく考えて、プランを立てておけば、落ち着いてトレードを続けることができるということである。私がその年に大きな利益を得られたのは、チャンスが巡ってきたときに行動できたからだ。2020年に原油価格がマイナスになったことと私はまったく関係ない。ただ、方向性を見極めて売りの逆指値注文を出すことで、売りポジションを保有し、ポジションサイズをうまく管理しながら、最終的には売りポジションを買い戻して、新たに買いを仕掛けた。現在の石油価格は東欧での緊張のせいで、１バレル当たり100ドルを超えている。私はこれらのことを何も予測していなかった。ただプロセスを管理し、結果が現れるのに任せ、展開を楽しんだにすぎない。

将来の予測

なぜ全天候型トレードを選ぶのだろうか。これらの戦略を用いると、たとえ債券と株式がプラスの長期トレンドを形成しなくても、リターンがプラスになる可能性があるという利点があるからである。債券と株式が最も一般的な投資の選択肢である世界では、この２つがともに下降トレンドを形成すれば、純資産が長期にわたって減少する可能性がある。将来の予測について言えば、予測なんてまったく当てにならない。ブラックマンデー後に出たある本は、今後の相場展開はジリ安か暴落の２つの可能性があると語っていた。結果はどちらでもなく、強気相場が10年以上続いた。

1989年、日本は世界第２位の経済大国で、アメリカを抜いて世界第１位に躍り出ようとしていた。1989年当時に、日本が35年にわたる弱気相場入りするとだれかに話していたら、笑いものにされていただろう。しかし、実際にはまさにそうなった。

だれも相場を予測することはできない。だからこそ、多くのリスクが伴うのだ。しかし、そのリスクこそが報酬をもたらす。正確に予測できると言う人は何かを売りつけようとしているのであり、それは10年、20年、30年と続く予測ではない可能性が高い。

全天候型トレーダーはどこで利益が生じ、どこで冴えない結果になるかを理解できる。相場がどう反応するかは重要ではない。全天候型トレードの戦略は、私が初めてポートフォリオのコンセプトを構築した当時、ほかのどの戦略よりも優れていた。それは今日でも当てはまる。相場にどういう繰り返しやトレンドが生じようと、全天候型トレーダーであることが妥当なリターンを着実に得る唯一の方法なのである。

将来がどうなるかを考えてみよう。ここでは相場の予測の話をしているのではない。市場についてだけ考えてほしい。市場への参加は日増しに簡単になっている。コンピューターやモバイルテクノロジーの存在感が大きくなっている。使いやすいソフトウェアが次々と登場し、かつてない速さでより多くの資金が市場に流れ込んでいる。今後、高ボラティリティの期間はその回数も高さも増すばかりだろう。

ソフトウェアのせいでボラティリティが高くなり続けて、混乱が生じても、全天候型トレーダーはそれに対応する用意ができている。この手法があまり耳慣れないのは、全天候型トレードにどういうプラス面があるかをマネーマネジャーたちが顧客にうまく伝えていないからである。また、動かさなければならないポジションが大きすぎて対応できないトレーダーもいれば、短期間で大きな利益を得るという少数のトレーダーだけしか成し得ないことが気になるあまり、リスク管理をしないでリターンを追い求め続けようとするトレーダーもいる。私の経験では、大金を持った新規顧客が退屈なトレードに多く引き寄せられることはない。

私はほかのマネーマネジャーのまねをするつもりはない。私は現役を退いていて、自分の人生とライフスタイルに満足している。そして、全天候型の手法で安定したトレードをしていたい。人間である以上、自分のお金は安全だという安心感が必要である。だから、私たちは多くの保険に加入する。しかし、その保険は嵐が来る前に掛けておく必要がある。嵐の兆候がレーダーに現れてからではもう手遅れで、保険会社は加入させてくれない。あなたは事前に加入しておく必要があるのだ。

全天候型のトレード手法を実行して、自分の資産に保険を掛けておこう。そうすれば、どんな事態になっても対応できるプランがある。

失敗から学ぶ

私たちの業界では失敗が付き物だが、失敗した理由は研究されない。また、失敗は無知による判断ミスか、不運のせいだと考える人もいるが、失敗をする前には間違いなく戦略を立てていたはずである。

だれもが成功を研究するが、失敗を研究するところに知恵があるのである。「失敗をした」人たちは何をしようとしていたのか。彼らはどういう考え方をしていて、何を誤解したのか。成功についてしか研究しない人たちが学ばないことを、あなたはたくさん学ぶことができる。

ポートフォリオでの成功にはタイミングが大いに関係するという誤解がある。あるいは、ほかの１つの変数だけが重要だという誤解もある。それはまったく正しくない。先ほど挙げたような失敗例をいくつか研究すれば、もっと幅広くてグローバルな手法が必要だと分かる。

1998年にアルゼンチンで起きた大恐慌は、閉鎖的経済が招いたものだった。

2014～2017年にロシアで金融危機が起きたのは、ロシアが石油輸出に重点を置いていたため、石油価格が50％近くも下落したときに頼るものが何もなかったからである。

1989年に日本のバブルが崩壊したのは、株式と不動産の価格が極端に上昇していたからだ。

これらの失敗から私たちは何を学んだのだろうか。ある資産クラスが活況を呈する期間は限られている。やがて調整が起きるので、その資産はヘッジをするか売るべきだったのだ。私は全天候型トレーダーなので、ポートフォリオには相関がない銘柄が一度にたくさん組み込まれている。そのため、ポートフォリオに貢献する動きをする銘柄が常にある。ある市場が苦しい時期にあっても、ほかの戦略でそれを補うことができるのだ。

この手法を実行に移す

前に述べたように、株式60%・債券40%の手法は個人投資家に非常によく使われている。これは安全でありながら、資産を増やせる可能性がある。資産の60%を株式で運用すれば、将来の目標に見合う利益が期待できる。また、40%を債券に回せば、通常は変動が緩やかな銘柄でポートフォリオを分散して、運用中に株式で損失が出ても、それをある程度補うことができる。

極めて幅広く分散する全天候型投資は、概念的には60%・40%の手法に似ているが、はるかに多くのレベルで安全性が加えられている。驚くほどワクワクするものは何もなく、型どおりだ。さまざまな市場のリスクを見つけ、そのリスクに立ち向かって報酬を得ようとする手法である。

ここでの目標は成功に飽きることだ。すべての勝利をゴールまでの猛ダッシュで成し遂げる必要はない。マラソンを見て興奮することがめったにないのと同じである。

この戦略を正しく始めるために必要な手順は次の４つしかないことを覚えておいてほしい。

1．自分の性格や目標に合った市場を選ぶ。
2．いつ買い、いつ売るべきかを教えてくれる売買エンジンを構築して、それに基づいて動く。
3．ポートフォリオの資産水準や、各ポジションでどれだけのリスクをとるかを把握して、ポジションサイズをいつも調整する。
4．長く生き延びることを念頭に置き、相場の思いがけない動きに備える。

これは単純なことに思えるが、多くの人は単純なことに苦労する。投資家はいつも私に、「投資で成功するつもりならば、それは複雑に違いない」と言う。それが多くの投資家の考え方である。戦略を完璧に実行する精神的な規律がある場合に限って、それは単純なのだ。自分の立てた戦略やルールを守らなければならない。簡単に使えるソフトウェアで投資対象を管理するか、だれかに管理を依頼しよう。どちらを選んでも、役に立つツールはたくさんある。日々の運用をだれかに任せて利益の一部を手数料として支払うのか、それとも自分で運用するために時間をかけて調査をするのか。どちらを選ぶかはあなた次第である。どちらを選んでも間違いではない。唯一間違った選択肢は、市場を避けてリスクを回避しようとすることだ。インフレが進行している今、その決断は長期的には純資産を減らす可能性が高い。これは私の父がCD（譲渡性預金）で経験したことと似ている。

チャンスはそこにある。バイ・アンド・ホールドのワナに誘い込まれてはならない。あなたは自分のために素晴らしいプランを作って、世代を超えた富を築き、いつも投資を楽しみながら、自分と家族を経済的に豊かにすることができるのだ。

おわりに

CONCLUSION

投資業界全体があなたの周りを回っている。株式市場、債券市場、先物、暗号資産、投資信託、未公開株、これらすべてがあなたを当てにしている。これらの市場に資金を投入するのはあなたである。投資の選択肢はたくさんある。それは驚くことではない。どの市場も魅力的な証券で気を引こうとしている。

ここでどういう心理が働くか考えてみよう。あなたが1ドル札を手に部屋の真ん中に立っていて、何百人もの人たちが周りに立ち、なぜ自分があなたの1ドルを運用するのにふさわしいのか、どうやって1ドルをもっと増やせるかを叫んでいると想像してほしい。決断を下すには大きなストレスがかかる。しかし、どの市場を選ぼうと、大きなストレスや高いリスクはある。

私は資金運用業界の内外でさまざまなトレード手法を試してきたが、全天候型トレードがほかのどの手法よりも私に合っていた。証拠が欲しいって？　私はほかの投資やトレードのプロセスについて説明した本を書いたことはない。本書は数十年にわたってトレードを経験し、まったく安心してトレードができる地点に到達したことをまとめたものであり、自分の手法を見つけようと苦闘しているトレーダーたちに全天候型のコンセプトの一部を提案したものだ。これが、人生で多くのものを与えてくれた業界に対する私の恩返しのやり方である。

本書の目的は、あなたが心理的に楽に生きられるようにすることだ。あなたの周りに立って、1ドルを投資してくれたらもっと資金を増やせると約束する人々の話を聞くのは精神に害をもたらし、感情で投資判断をすることにつながりかねない。通常、投資家は有望に思える1つの投資コンセプトに全財産を捧げるか、分析のしすぎで決断できなくなって何も選ばず、得られたはずの利益を完全に逃してしまうかだ。もっと悪いのは、ソーシャルメディアでの私の友人たちのように詐欺に遭うことだ。彼らは私からのダイレクトメッセージに答えて、有望な暗号資産に投資していると思い込んでいた。実際には、私のプロフィールや写真や投稿をすべてコピーしただれかに、資金をだまし取られたのだ。私がソーシャルメディアで何かへの投資をしようと誘うことは絶対にない。

投資戦略に資金を投入しているのはトレーダーであるあなたであり、あなたはリターンを受け取るに値する。あなたは自分の資金が投入される業界に何か価値あるものを提供しているので、その価値には見返りがあるべきである。しかし、何も提供しなければ、何も得ることはできない。さまざまな投資対象に内在するリスクに立ち向かう必要がある。リスクから隠れることは市場から身を隠すことを意味し、市場に何か価値あるものを提供しなければ、リターンも得られないからだ。これは何についても言えることである。株であれ何であれトレードをしていて、何も提供せずに何かを得ることはできない。

全天候型トレーダーになるときには、期待は現実的なものにし続けよう。ドローダウンがいつか生じることを理解して、パニックにならないようにしよう。自分でトレードをしているにせよ、ファンドに投資をしているにせよ、毎年８～10％のリターンを上げているのならば、ほとんどのトレーダーよりもうまくやっている。あなたは仕事で毎年８～10％の昇給があるだろうか。それはないと思う。

最後に覚えておいてほしいのは、自分が儲かったことを儲かっていない人に自慢しないことである。私は自分がトレードをしている部屋の壁に、「マーケットに対して謙虚にならなければ、マーケットに鼻っ柱をへし折られる」という格言を貼っている。トレードは競争ではない。だれもが長期で解こうと試みているパズルなのだ。私たちがプレーをしているのは１ホールだけではなく、４日続くゴルフトーナメントなのだ。私たちは次の1000トレードのために戦略を練っているのであり、たった今終えた１つのトレードだけに集中しているわけではない。

全天候型トレーダーについての説明は以上だ。私は自分がどうやって全天候型トレーダーになったのかについて、すべてを伝えた。あなたが取り組んで、調整し、自分に合わせることができるさまざまなアイデアを提供した。このツールボックスを使ってほしい。プランを作り、それを完璧に実行し、そして必ずトレードを楽しんでほしい！

著者のトム・バッソ（Tom Basso）について

現在は引退しているトマス・F・バッソは、登録投資顧問およびCTA（商品投資顧問業者）の会社であるトレンドスタット・キャピタル・マネジメントのCEO（最高経営責任者）だった。最盛期には、アリゾナ州スコッツデールで世界中の顧客のために6億ドルを運用していた。クラークソン大学で化学工学の学士号を、南イリノイ大学でMBA（経営学修士号）を取得。NASD（全米証券業協会）およびNFA（全米先物協会）の調停委員になった経験があり、NFA理事会のCTA・CPO（商品投資管理業者）の1社を代表する元理事でもある。

また、NFAの技術および基準分科会の委員を3年間務めた。さらに、全米アクティブ投資マネジャー協会（NAAIM）で取締役を務めたほか、現在はディーンフーズの1部門になっているクリームの大口配送の大手であるクリーマイザー社の取締役を務めた。また、先物とヘッジファンド業界向けの事務処理のアウトソーシングソリューションを専門とするダラスのテクノロジー企業であるランプ・テクノロジーズの経営委員を務めた。2019年にはスタンドポイント・オルタナティブ・アセット・マネジメントの取締役会長に就任した。このファンドは世界のマクロ先物市場75銘柄と世界の株式を組み込んだファンドを運用している。このファンドはエリック・クリッテンデンが運用するもので、1人のマネジャー、マルチ戦略、マルチ市場、「全天候型」手法を投資家に提供する。5億ドル以上を運用し、このカテゴリーでトップクラスの実績を上げている（https://www.standpointfunds.com/）。

工学、数学、コンピューターの知識があったため、世界中の金融市場での投資機会を利用するさまざまな投資プログラムを開発できた。現在は2022年のサービス開始を目標に、クラウドベースでのトレードのシミュレーションと注文プラットフォームの構築に取り組んでいる。

彼は『**トム・バッソの禅トレード**』（パンローリング）の著者であり、ジャック・シュワッガーが成功したトレーダーにインタビューをした『**新マーケットの魔術師**』（パンローリング）に登場したトレーダーの１人である。彼の著書『**トレードで成功するための「聖杯」はポジションサイズ**』（パンローリング）はポジションサイズを管理しようとする世界中のトレーダーに大好評を得ている。マイケル・コベルとの共著『Trend Following Mindset（トレンド・フォローイング・マインドセット）』は、トレードで成功するプロセスを学ぶトレーダーたちから幅広い称賛を受けている。

彼は2003年に退職し、ゴルフ、執筆、ワインの醸造、料理、いくつかのコーラスグループでの歌唱、運動、妻のブレンダとの旅行など、さまざまな活動を行っている。退職後のウェブサイト（https://enjoytheride.world/）ではトレーダーを支援している。このサイトでは、書籍、ビデオ、参考文献、リサーチ、オンラインやオフラインでのセミナーなど、トレーダーに役立つリソースを提供している。

トム・バッソのソーシャルメディア

X　@basso_tom（https://twitter.com/basso_tom）

フェイスブック　https://www.facebook.com/enjoytheride.world

リンクトイン　https://www.linkedin.com/in/tom-basso-7786a01a3

Gettr　@basso_tom

Truth Social　@basso_tom

テレグラム　@basso_tom

MeWe　mewe.com/i/tombasso

Parler　@enjoytherideworld

インスタグラム　https://www.instagram.com/masobasso/

■監修者紹介

長岡半太郎（ながおか・はんたろう）

放送大学教養学部卒。放送大学大学院文化科学研究科（情報学）修了・修士（学術）。日米の銀行、CTA、ヘッジファンドなどを経て、現在は中堅運用会社勤務。２級ファイナンシャル・プランニング技能士（FP）。『ルール』『その後のとなりの億万長者』『IPOトレード入門』『株式投資　完全入門』『知られざるマーケットの魔術師』『パーフェクト証券分析』『バリュー投資達人への道』『新版　バリュー投資入門』『鋼のメンタルトレーダー』『投資の公理』『株式市場のチャート分析』『ミネルヴィニの勝者になるための思考法』『アルゴトレード完全攻略への「近道」』『長期的投資の醍醐味「100倍株」の見つけ方』『株式投資のテクニカル分析補完計画』『無敵の「プライスアクション＋価格帯別出来高」FXトレード』『システムトレード　基本と原則【実践編】』『バフェットからの手紙【第８版】』『ロジャー・マレーの証券分析』『漂流アメリカ』『モンスター株の売買戦術』『証券分析 第６版』『隠れた「新ナンバーワン銘柄」を見つける方法』『マルチタイムフレームを使ったテクニカルトレード』『桁外れの投資家たち』など、多数。

■訳者紹介

山口雅裕（やまぐち・まさひろ）

早稲田大学政治経済学部卒業。外資系企業などを経て、現在は翻訳業。訳書に『フィボナッチトレーディング』『規律とトレンドフォロー売買法』『逆張りトレーダー』『システムトレード　基本と原則』『一芸を極めた裁量トレーダーの売買譜』『裁量トレーダーの心得　初心者編』『裁量トレーダーの心得　スイングトレード編』『コナーズの短期売買戦略』『続マーケットの魔術師』『アノマリー投資』『シュワッガーのマーケット教室』『ミネルヴィニの成長株投資法』『高勝率システムの考え方と作り方と検証』『コナーズRSI入門』『３％シグナル投資法』『成長株投資の神』『ゾーン　最終章』『とびきり良い会社をほどよい価格で買う方法』『株式トレード　基本と原則』『金融市場はカジノ』『「恐怖で買って、強欲で売る」短期売買法』『「株で200万ドル儲けたボックス理論」の原理原則』『ルール』『知られざるマーケットの魔術師』『財産を失っても、自殺しないですむ方法』『ミネルヴィニの勝者になるための思考法』『システムトレード　基本と原則【実践編】』『モンスター株の売買戦術』（パンローリング）など。

2024年５月３日　初版第１刷発行

ウィザードブックシリーズ(358)

全天候型トレーダー
――バイ・アンド・ホールドの呪縛を解き放つ戦略

著　者　トム・バッソ
監修者　長岡半太郎
訳　者　山口雅裕
発行者　後藤康徳
発行所　パンローリング株式会社
〒160-0023　東京都新宿区西新宿7-9-18　6階
TEL 03-5386-7391　FAX 03-5386-7393
http://www.panrolling.com/
E-mail　info@panrolling.com
編　集　エフ・ジー・アイ（Factory of Gnomic Three Monkeys Investment）
装　丁　パンローリング装丁室
組　版　パンローリング制作室
印刷・製本　株式会社シナノ

ISBN978-4-7759-7327-1

関　連　書

ウィザードブックシリーズ223

出来高・価格分析の完全ガイド

100年以上不変の「市場の内側」をトレードに生かす

アナ・クーリング【著】

定価 本体3,800円+税　ISBN:9784775971918

FXトレーダーとしての成功への第一歩は出来高だった!

本書には、あなたのトレードにVPAVolume Price Analysis（出来高・価格分析）を適用するために知らなければならないことがすべて書かれている。それぞれの章は前の章を踏まえて成り立つものだ。価格と出来高の原理に始まり、そのあと簡単な例を使って2つを1つにまとめる。本書を読み込んでいくと、突然、VPAがあなたに伝えようとする本質を理解できるようになる。それは市場や時間枠を超えた普遍的なものだ。

ウィザードブックシリーズ298

出来高・価格分析の実践チャート入門

アナ・クーリング【著】

定価 本体3,800円+税　ISBN:9784775972694

出来高と価格とローソク足のパターンから近未来が見える!206の実例チャートのピンポイント解説

アナ・クーリングのロングセラーである『出来高・価格分析の完全ガイド』が理論編だとすると、本書は実践編と言えるものだ。本書を完璧にマスターすれば、5分足であろうが、1時間足であろうが、日足や週足や月足であろうが、いろんな時間枠に対応できるようになるので、長期トレーダーや長期投資家だけでなく、短期トレーダーにも本書の刊行は朗報となるだろう。

ウィザードブックシリーズ257

マーケットのテクニカル分析
トレード手法と売買指標の完全総合ガイド

ジョン・J・マーフィー【著】

定価 本体5,800円+税　ISBN:9784775972267

世界的権威が著したテクニカル分析の決定版!

1980年代後半に世に出された『テクニカル・アナリシス・オブ・ザ・フューチャーズ・マーケット（Technical Analysis of the Futures Markets）』は大反響を呼んだ。そして、先物市場のテクニカル分析の考え方とその応用を記した前著は瞬く間に古典となり、今日ではテクニカル分析の「バイブル」とみなされている。そのベストセラーの古典的名著の内容を全面改定し、増補・更新したのが本書である。本書は各要点を分かりやすくするために400もの生きたチャートを付け、解説をより明快にしている。本書を読むことで、チャートの基本的な初級から上級までの応用から最新のコンピューター技術と分析システムの最前線までを一気に知ることができるだろう。

ウィザードブックシリーズ261

マーケットのテクニカル分析練習帳

ジョン・J・マーフィー【著】

定価 本体2,800円+税　ISBN:9784775972298

テクニカル分析の定番『マーケットのテクニカル分析』を完全征服!

『マーケットのテクニカル分析』の知見を実践の場で生かすための必携問題集！ 本書の目的は、テクニカル分析に関連した膨大な内容に精通しているのか、あるいはどの程度理解しているのかをテストし、それによってテクニカル分析の知識を確かなものにすることである。本書は、読みやすく、段階的にレベルアップするように作られているため、問題を解くことによって、読者のテクニカル分析への理解度の高低が明確になる。そうすることによって、マーフィーが『マーケットのテクニカル分析』で明らかにした多くの情報・知識・成果を実際のマーケットで適用できるようになり、テクニカル分析の神髄と奥義を読者の血と肉にすることができるだろう!

ウィザードブックシリーズ 263

インデックス投資は勝者のゲーム

株式市場から利益を得る常識的方法

ジョン・C・ボーグル【著】

定価 本体1,800円+税　ISBN:9784775972328

市場に勝つのはインデックスファンドだけ！ 改訂された「投資のバイブル」に絶賛の嵐！

本書は、市場に関する知恵を伝える一級の手引書である。もはや伝説となった投資信託のパイオニアであるジョン・C・ボーグルが、投資からより多くの果実を得る方法を明らかにしている。つまり、コストの低いインデックスファンドだ。ボーグルは、長期にわたって富を蓄積するため、もっとも簡単かつ効果的な投資戦略を教えてくれている。その戦略とは、S&P500のような広範な株式市場のインデックスに連動する投資信託を、極めて低いコストで取得し、保有し続けるということである。

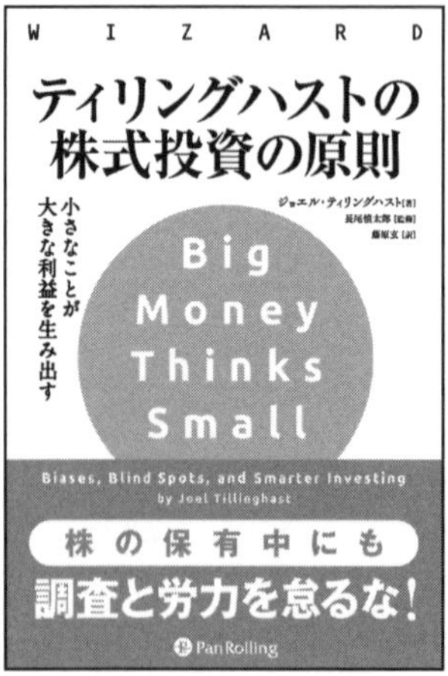

ウィザードブックシリーズ 272

ティリングハストの株式投資の原則

小さなことが大きな利益を生み出す

ジョエル・ティリングハスト【著】

定価 本体2,800円+税　ISBN:9784775972427

第二のピーター・リンチ降臨！ 失敗から学び、大きな利益を生む方法

投資家は日々紛らわしい情報や不完全な情報に惑わされている。ラッキーな投資を行い、大きな利益を上げ、自信満々となるかもしれない。しかし、次に打って出た大きな賭けは裏目に出て、財政的困難に見舞われるばかりか、心身ともに打ちのめされるかもしれない。では、このような不安定な職業でどのように集中力を保つことができるのだろうか。過去の成功をもとに計画を立て、将来を予測する自信がないとしたら、将来の危険な状況をどのように避けることができるのだろうか。本書において、ティリングハストが、投資家がそのような誤りを回避する術を伝授している。

ウォーレン・バフェット

アメリカ合衆国の著名な投資家、経営者。世界最大の投資持株会社であるバークシャー・ハサウェイの筆頭株主であり、同社の会長兼 CEO を務める。金融街ではなく地元オマハを中心とした生活を送っている為、敬愛の念を込めて「オマハの賢人」(Oracle of Omaha) とも呼ばれる。

ウィザードブックシリーズ345

バフェットからの手紙 第8版

定価 本体2,800円+税　ISBN:9784775973141

バフェット率いる投資会社バークシャー・ハサウェイの年次報告書で米企業の全体像がわかる！

「バフェットが最も多くのサインをした本」との称号を与えられた本書は、まさにその内容も人気も寿命も永遠である。大局的で、分かりやすくバフェットやバークシャー・ハサウェイの考えや哲学をまとめた本書を読むたびに新しい発見がある！

ウィザードブックシリーズ357

バフェット流株式投資入門

定価 本体1,800円+税　ISBN:9784775973264

億り人への最短コース 10万5000ドルを300億ドルに増やした銘柄選択術

ビル・ゲイツと並ぶ世界的な株長者となったバフェットの選別的な逆張り投資法とは、下降相場を徹底的に利用したバリュー投資であり、本書ではそれを具体的に詳しく解説している。

ウィザードブックシリーズ 189

バフェット合衆国

定価 本体1,600円+税　ISBN:9784775971567

バークシャーの成功に貢献してきた取締役やCEOの素顔に迫り、身につけたスキルはどのようなものだったのか。

ウィザードブックシリーズ 203

バフェットの経営術

定価 本体2,800円+税　ISBN:9784775971703

企業統治の意味を定義し直したバフェットの内面を見つめ、経営者とリーダーとしてバークシャー・ハサウェイをアメリカで最大かつ最も成功しているバフェットの秘密を初めて明かした。

ベンジャミン・グレアム

1894/05/08 ロンドン生まれ。1914 年アメリカ・コロンビア大学卒。ニューバーガー・ローブ社（ニューヨークの証券会社）に入社、1923-56 年グレアム・ノーマン・コーポレーション社長、1956 年以来カリフォルニア大学教授、ニューヨーク金融協会理事、証券アナリストセミナー評議員を歴任する。バリュー投資理論の考案者であり、おそらく過去最大の影響力を誇る投資家である。

ウィザードブックシリーズ 10

賢明なる投資家

割安株の見つけ方とバリュー投資を成功させる方法

定価 本体3,800円+税　ISBN:9784939103292

市場低迷の時期こそ、威力を発揮する「バリュー投資のバイブル」

ウォーレン・バフェットが師と仰ぎ、尊敬したベンジャミン・グレアムが残した「バリュー投資」の最高傑作！　だれも気づいていない将来伸びる「魅力のない二流企業株」や「割安株」の見つけ方を伝授。

ウィザードブックシリーズ24

賢明なる投資家【財務諸表編】

定価 本体3,800円+税　ISBN:9784939103469

ベア・マーケットでの最強かつ基本的な手引き書であり、「賢明なる投資家」になるための必読書！　ブル・マーケットでも、ベア・マーケットでも、儲かる株は財務諸表を見れば分かる！

ウィザードブックシリーズ87

新 賢明なる投資家(上)

定価 本体3,800円+税　ISBN:9784775970492

古典的名著に新たな注解が加わり、グレアムの時代を超えた英知が今日の市場に再びよみがえる！ みなさんが投資目標を達成するために読まれる本の中でも最も重要な1冊になるに違いない。

ウィザードブックシリーズ88

新 賢明なる投資家(下)

定価 本体3,800円+税　ISBN:9784775970508

原文を完全な状態で残し、今日の市況を視野に入れ、新たな注解を加え、グレアムの挙げた事例と最近の事例とを対比。投資目標達成のために読まれる本の中でも最も重要な1冊となるだろう。

ウィザードブックシリーズ 352

証券分析【第6版】

定価 本体15,800円+税　ISBN:9784775973219

不朽の価値を持つ1940年版に基づいたこの第6版は、現代のウォール街における一流のファンドマネジャーたちによる210ページ強に及ぶ解説を追加することによって補強されている。

ウィザードブックシリーズ207

グレアムからの手紙

定価 本体3,800円+税　ISBN:9784775971741

ファイナンスの分野において歴史上最も卓越した洞察力を有した人物のひとりであるグレアムの半世紀にわたる證券分析のアイデアの進化を示す貴重な論文やインタビューのコレクション。

ウィリアム・J・オニール

証券投資で得た利益によって 30 歳でニューヨーク証券取引所の会員権を取得し、投資調査会社ウィリアム・オニール・アンド・カンパニーを設立。顧客には世界の大手機関投資家で資金運用を担当する 600 人が名を連ねる。保有資産が2億ドルを超えるニュー USA ミューチュアルファンドを創設したほか、『インベスターズ・ビジネス・デイリー』の創立者でもある。

ウィザードブックシリーズ 179

オニールの成長株発掘法【第4版】

定価 本体3,800円+税　ISBN:9784775971468

大暴落をいち早く見分ける方法

アメリカ屈指の投資家がやさしく解説した大化け銘柄発掘法！投資する銘柄を決定する場合、大きく分けて２種類のタイプがある。世界一の投資家、資産家であるウォーレン・バフェットが実践する「バリュー投資」と、このオニールの「成長株投資」だ。

ウィザードブックシリーズ 93

オニールの空売り練習帖

定価 本体2,800円+税　ISBN:9784775970577

正しい側にいなければ、儲けることはできない

空売りのポジションをとるには本当の知識、市場でのノウハウ、そして大きな勇気が必要である。指値の設定方法から空売りのタイミング決定までの単純明快で時代を超えた永遠普遍なアドバイス。大切なことに集中し、最大の自信を持って空売りのトレードができるようになる。

ウィザードブックシリーズ 198

株式売買スクール

オニールの生徒だからできた1万8000%の投資法

ギル・モラレス　クリス・キャッチャー【著】

定価 本体3,800円+税　ISBN:9784775971659

株式市場の参加者の90%は事前の準備を怠っている

オニールのシステムをより完璧に近づけるために、何年も大化け株の特徴を探し出し、分析し、分類し、その有効性を確認するという作業を行った著者たちが研究と常識に基づいたルールを公開！